LA MALSCÈNE

DU MÊME AUTEUR

Le Jeu de la pierre et de la foi, Gallimard, 1961.
Le Biographe, Gallimard, 1978.
L'Archéologue, Gallimard, 1979.
François Couperin, Fayard, 1980.
Versailles Opéra, Gallimard, 1981.
Rameau de A à Z, Fayard, 1983.
Vous avez dit baroque, Actes Sud, 1989.
La Belle au bois, Gallimard, 1990.
Vous avez dit classique, Actes Sud, 1991.
Lully, le musicien du soleil, Gallimard, 1992.
Héloïse, Gallimard, 1993 (grand prix du roman de l'Académie française).
Les Plaisirs de Versailles, avec la collaboration de Patricia Bouchenot-Déchin, Fayard, 1996.
Louis XIV artiste, Payot, 1998.
Stradella, Gallimard, 1999.
Le Roi-Soleil se lève aussi, Gallimard, 2000.
Le Chant d'Orphée selon Monteverdi, Fayard, 2002.
Le Rendez-vous de Venise, Fayard, 2004.

Philippe Beaussant

La malscène

Fayard

I

Allegro furioso

Ce livre est un livre de colère.

D'ailleurs, il y a de quoi.

Vous allez me dire que la colère est très mauvaise conseillère, quand on en est à la quatrième ligne de la première page. On risque de ne jamais arriver à la dixième, ou de n'être plus tout à fait maître de soi, de ses pensées et de ses arguments.

Vous avez raison. Un instant : je me calme et je recommence.

Bonjour, Ami lecteur. Permettez-moi de vous faire très poliment part de ma colère. Elle dure depuis tant d'années qu'il fallait, un jour ou l'autre, que j'en parle publiquement : ce qui, pour moi, veut dire par écrit.

La colère est une émotion encore plus forte que la surprise, ou le plaisir, ou la joie, ou même l'amour. Je comprends et je plains ceux qui, dans un «accès», comme on dit, ne parviennent pas à la maîtriser, et commettent ce qu'en d'autres circonstances ils auraient eux-mêmes qualifié de sottise. Mais il faut comprendre. Le bonheur vous plonge dans un état délicieux dont vous allez garder le souvenir comme d'une sensation unie, douce, égale : une grâce dont rien n'émerge de manière aiguë, justement parce que votre mémoire en a fixé en vous la suavité, le moelleux, à proportion même de son intensité.

La colère, c'est tout autre chose. Elle aiguise vos facultés. Elle plante les sensations comme des clous : et vingt ans après, les revoilà. Elles continuent à faire mal comme si c'était hier, avec une précision méchante. Comme ces souvenirs brûlent, irritent, pincent, mordent, la colère remonte avec la douleur, pourvue de tous les détails qui se seraient dilués et fondus si c'était le plaisir qui en avait été la cause.

Ma colère est aussi rude qu'au premier jour. Je revois tout : les attitudes, les gestes, les costumes, les visages, les décors, le son des mots, celui de la musique et, au-dessus de tout cela, surnageant dans la mémoire de ma colère, des noms. Je n'ai pas même besoin de rouvrir les vieux programmes de spectacles que j'ai pourtant tous conservés : ils sont là, sur ma table pendant que j'écris, zébrés des phrases rageuses que je griffonnais dans le noir pendant que j'assistais, dans l'auguste salle de la Comédie-Française, à la Saint-Barthélemy des alexandrins ; ou que je regardais, de force, à l'Opéra ou dans de grands et célèbres festivals, les plus nobles et les plus touchants personnages des œuvres que j'aime, carnavalisés (mi-carême, mi-poissons) sur d'immenses plateaux transformés en déserts de sable, en halls de gare, en chambres d'hôpital, ou en dépôts d'ordures.

Me sentez-vous calmé, Ami lecteur? Je ne crois pas. J'ai essayé, cela remonte. J'ai tenté, j'espère que vous l'avez senti, de faire quelques phrases et de les enrouler sur elles-mêmes en les enrobant de saindoux. C'est raté. La colère a toujours raison. Tant pis.

Maintenant, droit au fait.

* *
*

On me dépouille de ce que j'aime. On me le casse. Non seulement on me le vole (*Orfeo*, c'est à moi, *Les Noces*, c'est à moi, *Pelléas*, c'est à moi; exactement comme c'est à chacun de vous), mais sous mes yeux on le disloque, exprès; on l'abîme, pour me faire mal. Casser une fine porcelaine chinoise du XVIIIe siècle, c'est terrible; mais la briser volontairement et vous envoyer les morceaux à la figure, c'est pervers.

J'aime l'opéra. J'aime le théâtre. Et j'ai de moins en moins envie d'y aller. Certains croient que c'est par paresse. Non : c'est par tristesse. Je reste chez moi et j'écoute des CD. Je remets dix fois de suite le même air. Je ferme les yeux et sur mon petit théâtre imaginaire je reconstruis et j'ordonne un spectacle : non pas du tout pour qu'il soit «à moi», pour qu'il soit l'enfant de mon imagination, mais pour que je puisse y reconnaître le sens de la musique que j'aime, avec un Chérubin qui ne soit pas un Tintin ridicule, avec une Poppée qui ne soit pas une pute, avec un Golaud qui ne soit pas exclusivement une brute imbécile, avec des décors qui ne soient pas plaqués sur ce qui se passe comme du mastic sur une tartine, avec des mouvements et des gestes qui ne soient pas ceux de marionnettes désarticulées, ou de gymnastes à l'entraînement, où Sénèque ne soit pas un SDF en train de faire les poubelles, Siegfried ne soit pas en train d'éplucher des patates pour faire sa soupe, et où Chérubin (encore lui) n'ait pas besoin de danser le hip-hop pour nous faire comprendre qu'il est jeune, ce que nous savions depuis longtemps.

Être chez soi avec sa chaîne stéréo, c'est plus tranquille – mais c'est triste.

Si l'on en croit les historiens, au XVIIᵉ siècle, les metteurs en scène n'existaient pas. Quelle heureuse époque! On pouvait assister à un opéra sans avoir à fermer les yeux. On pouvait y prendre plaisir, l'écouter et le regarder en même temps sans sentir monter en soi, *crescendo*, *rinforzando*, cette colère sourde qui est très mauvaise pour la paix de l'âme.

Mais il n'y a pas que les spectateurs qui ferment ainsi les yeux pour ne pas voir. Il y a plus grave : il y a de malheureux chefs d'orchestre qui le font aussi. Les chanteurs font ce qu'on leur demande, même s'ils ne sont pas heureux : c'est le métier qui le veut. Dans la fosse, les musiciens tournent le dos à la scène et ne voient rien. Tant mieux pour eux. Mais le chef! J'en connais qui m'ont avoué (à moi) que, tout au long des représentations, de la première note après l'ouverture à la dernière avant les applaudissements, ils faisaient de minute en minute des efforts terribles pour ne pas lever les yeux au-dessus de leur partition et voir ce qui était en train de se perpétrer à trois mètres d'eux, sur le plateau. L'un d'eux m'a confié que cet effort était si contraignant qu'il embarrassait même sa pensée musicale et qu'il se sentait, là, dans la fosse, oppressé, contraint, comme par une main appuyée sur la nuque, réduit à se tenir courbé, sans lever les yeux, dérangé, empêché même d'échanger comme il se doit des coups d'œil avec son premier violon ou la flûte qui attend son regard, ou le violoncelliste qui désirait être conforté dans ce qu'il jouait. Je ne citerai aucun nom dans les pages de ce livre. Mais je vous affirme que ce que je viens de dire est vrai : il y a des metteurs en scène tortionnaires, non seulement de l'œuvre qu'ils violentent et qu'ils souillent, mais bourreaux de ceux qui sont en train de la jouer, et qui souffrent.

J'écris pour ceux qui ont mal.

* *
*

Vous allez me dire d'un ton de reproche :
«Pourquoi ne l'avez-vous pas fait plus tôt?»
Bonne question.

Je confesse. Il y a longtemps, des années, que
j'ai envie d'écrire un livre sur ce sujet. Je me
revois encore, arpentant seul, à minuit, la place
de l'Odéon, ou l'avenue de l'Opéra (c'était
avant même la Bastille; vous pouvez dater), ou
tel autre trottoir auguste. Je macérais une
mauvaise bile tout en répétant en moi-même
les airs que je venais d'entendre, ou les tirades
de je ne sais quelle Hermione perdue ou d'une
Bérénice hors d'atteinte.

Je me disais : «Tous les spectateurs se
taisaient. Ils avaient l'air d'aimer. Tu es seul de
ton avis. Tais-toi.» Je me taisais donc, sauf
quelquefois en privé, certains s'en souviennent.

Mais depuis quelque temps, j'assiste, nous assis-
tons, vous assistez, à un étrange phénomène. À la
fin des spectacles, on ovationne les chanteurs,
puis le chef, puis l'orchestre qui se lève dans la
fosse : et dès que le metteur en scène apparaît sur
le plateau pour saluer à son tour, on crie, on siffle
et on hue. Vous l'avez vu. Moi aussi.

Alors, courageusement, puisque le public a sifflé, je prends le train en marche, un peu honteux d'avoir failli le rater. Je le fais en pensant à quelques chefs d'orchestre qui souffraient, à des chanteurs qui souffraient aussi, et au public à qui on ne demandait pas son avis, mais seulement d'applaudir. Il l'a fait longtemps, par timidité, par crainte de se tromper, de n'être pas dans la juste ligne de l'évolution des choses, puisqu'on lui affirmait que ce qu'il avait vu était − non pas «beau» (qu'est-ce que *le beau*?) − mais le correct, le neuf et l'inventif.

* *
*

Je ne vais évidemment pas vous raconter, et encore moins vous décrire tout ce que j'ai pu voir sur de grands et célèbres théâtres, depuis des années.

D'abord parce que ce serait vite très ennuyeux. Le caractère premier de ces mises en scène désespérément en quête d'originalité, de nouveauté, de coups de génie et de coups de surprise, c'est la monotonie.

Ensuite, parce que vous l'avez vu comme moi. Vous avez vu Mélisande shootée. Vous avez vu la bourgeoise Pénélope qui continue à faire de la tapisserie pendant qu'Ulysse batifole d'île en île. Vous avez vu Hercule en treillis et Jules César aussi, puisque c'est le vêtement favori des héros de l'Antiquité, entourés de SS en casaque noire, casquette *ad hoc*, bottes et boutons dorés, pour la cent cinquantième fois depuis que Cocteau, en 1951, a mis un blouson de cuir aux motards de la mort. Vous avez vu les chevaliers du *King Arthur* avec les mêmes casques. Vous avez vu l'Amour interrompant la lamentation d'Orphée (celui de Gluck), gentiment costumé en clown, avec sa balle rouge sur le nez et les sourcils circonflexes.

Vous avez vu aussi Siegfried en salopette sur un terrain vague, devant sa caravane crasseuse, son fauteuil au bras cassé et sa bassine sale.

Vous avez vu peut-être encore Don Giovanni et Anna dans une autre caravane (l'originalité, toujours) sur un autre terrain vague (encore…), mais cette fois la faisant tressauter à en péter les ressorts (on voulait être sûr que vous compreniez), pendant que Leporello se plaignait d'avoir à faire le guet (*Notte e giorno faticar…*). Vous avez même peut-être vu Anna à genoux devant Don Giovanni, en train de traficoter sa braguette.

J'arrête.

J'arrête non pas tant à cause de la fatigue, mais à cause de l'ennui, et surtout de la tristesse. J'ai même comme le sentiment d'en avoir trop dit. Il faut se taire sur la bêtise : ce n'est pas la peine de la développer.

* *
*

Non, encore un autre, juste une minute. J'étais trop en colère.

Peut-être avez-vous vu comme moi, un soir, sur un grand théâtre, durant deux heures de spectacle, des demoiselles épluchant des pommes de terre au premier plan, juste au-dessus de la fosse d'orchestre, côté cour pour être précis. Elles étaient techniquement très au point et leurs épluchures déroulées en spirales souples et élastiques avec un savoir-faire qu'aucune arrière-grand-mère n'aurait pu égaler. De temps en temps, l'une d'entre elles se levait lentement et amorçait une extraordinaire pirouette au ralenti, quarante secondes au moins pour faire le tour d'elle-même sur une seule jambe. On se demandait si c'était là un moment intense de chorégraphie purement esthétique, ou si elle s'étirait pour faire circuler son sang dans ses membres, fatigués par l'immobilité accroupie où la contraignait sa tâche ingrate d'épluchage. Cette volute sur une jambe, durant quarante secondes, les bras étendus et l'épluchure de pomme de terre évoluant avec grâce au bout des doigts de la danseuse (vous l'avez deviné : c'était une vraie) fascinaient tous les spectateurs. On ne regardait plus qu'elle. Deux mille paires d'yeux tournées côté cour, contemplant une danseuse pleine de grâce entourée d'épluchures. On en oubliait ce qui se passait au centre du plateau : la terrible histoire de Médée et de Jason, la souffrance et la mort.

Ne me reprochez surtout pas d'ironiser à bon marché. Ce n'est pas moi qui ai commencé. J'ai vu ce spectacle il y a des années. La musique était belle. Pourtant j'ai tout oublié, sauf les épluchures. De la folie de Créon, de la souffrance de Jason, de l'abominable mort de Créüse, de l'horreur que répand Médée autour d'elle, rien. Comment le metteur en scène avait-il fait mourir Créüse dans son manteau de feu ? Rien. Je ne me souviens de rien. Il ne reste que les épluchures de pommes de terre. Était-ce vraiment ce que voulait le metteur en scène chargé, par sa fonction, de nous faire ressentir visuellement ce que disait la musique ?

* *
*

Dans les pages qui vont venir, Ami lecteur, je n'ai d'autre pensée que de dire les raisons de ma colère, dont je sais qu'elle est aussi la vôtre.

Je ne vais pas décrire tous les spectacles que j'ai vus. D'abord parce que je mourrais d'apoplexie avant d'avoir terminé ; ensuite parce que je vous ennuierais. Mais surtout parce que je crois plus intéressant de n'en citer que quelques-uns, qui ont la particularité de les résumer tous, et ont la capacité de révéler, de manière particulièrement précise, les raisons (ou les déraisons) de la caricature, contrefaçon, parodie, que constitue aujourd'hui la mise en scène.

Je ne vous parlerai pas non plus des quelques spectacles que j'ai aimés : car il y en a, Dieu merci.

Je ne citerai aucun nom : ni de metteurs en scène, ni d'interprètes, ni de chefs d'orchestre. Je n'aurais alors écrit qu'un catalogue, c'est-à-dire la définition de l'ennui.

Je n'ai pas davantage l'intention de vous parler des mises en scène où l'on pisse dans sa canette de bière avant de la boire, où l'on défèque (ce mot plus rare me paraît en l'occurrence plus vulgaire, donc plus fort et rude que *chier*), où on présente ses fesses à tout instant et particulièrement à ceux qui veulent taper dessus, où on procède à un viol collectif à la fin d'une pièce de Marivaux pour nous faire savoir qu'il est bien l'ancêtre de Sade, et que c'est donc un auteur moderne. Ni celles qui demandent qu'on recrute non plus, comme autrefois, un acrobate de cirque mais un professionnel du porno bien équipé, pour que *Tannhäuser* soit enfin *Tannhäuser*. Ce n'est ni par pudeur, ni par moralisme, mais parce que, comme disait Hoederer à la fin des *Mains sales*, « c'est trop con ».

II

Les échelles

Ce qui dans cette affaire ne cesse de m'étonner, c'est la monotonie. Vous allez, au cours d'une même saison, d'un festival à son voisin, d'une célèbre salle à une autre : et vous éprouvez la sensation de passer d'un calque à son décalque ou, si vous me permettez cette expression malsonnante, d'un théâtre à son double.

Ce qu'on appelait jadis des costumes de théâtre, c'est devenu un uniforme; et l'ennui, comme a dit le poète, naquit un jour de l'uniforme. Les décors semblent avoir été conçus pour que le spectateur se rappelle avoir vu quelque chose de pas tout à fait mais presque, où était-ce déjà ? On dirait que les metteurs en scène et les décorateurs se sont refilé leurs idées en jouant à la main chaude. On se dit : *Lo fanno tutti così...*

Tiens, *Così...*

Avez-vous compté les échelles qu'on a pu voir cet été au théâtre ? Il y en avait partout. Toutes semblables, puisque rien ne ressemble autant à une échelle qu'une autre échelle, qu'elle soit à Berlin, à Aix, à Aurillac ou en Avignon. J'ai compté jusqu'à quarante-trois échelons pour la plus haute : c'est vous dire avec quelle attention j'ai regardé le spectacle. Et tout autour d'elle, il y en avait une bonne douzaine d'autres, alignées le long des murs : des simples, des doubles, des extensibles, des télescopiques, des longues, des larges, des trapézoïdales, et aussi des cordes à nœuds, des étais, des filins, des haubans, et encore des gros anneaux au bout d'une drisse.

J'ai été tenté, durant le spectacle que grée-mentait la plus haute, de calculer le total des barreaux visibles sur la scène. J'ai failli renoncer car, dans un premier temps, compter m'a trop distrait d'écouter la musique : jusqu'à l'instant où, émerveillé, je me suis aperçu que je pouvais parfaitement compter *en mesure*… Ainsi mon regard s'élevait peu à peu vers les cintres, *allegro con moto*, tandis que je communiais rythmiquement avec « *mia Dorabella capace non è* », redescendait et remontait, *così cosa*. J'ai été interrompu, vers la fin de l'air, par la pensée qu'il me faudrait calculer aussi combien de fois en cette seule année j'avais vu d'échelles dans un décor de théâtre et par l'impossibilité où je me trouvais de les avoir toutes mémorisées. Le coup final me fut donné lorsque je me suis rappelé qu'à Berlin ils avaient triché en n'installant les échelles qu'au deuxième acte.

J'ai alors cessé de compter sur mes doigts et j'ai tenté de me concentrer sur la suite du spectacle (*Ah, guarda sorella…*) en fermant les yeux. Mesurez, lecteur, l'impact de l'expression que je viens d'employer : « Fermer les yeux pour mieux adhérer au spectacle. » Il était malheureusement trop tard : de multiples questions se pressaient déjà dans mon esprit. Je m'étonnais de cette unanimité des décorateurs en faveur des échelles. Je me demandais si vraiment ils s'étaient donné le mot («cette année, cher ami, on fait dans les échelles...»). Je faisais des comparaisons. Une autre année, on faisait dans les caravanes et dans les roulottes, où Siegfried et donna Anna déambulaient de conserve. Une autre année, on étendait des plages de sable. Une autre, on enserrait l'action dans des salles d'hôpital, ou dans des bars. Tout le monde se copiait, se recopiait. Cette unanimité m'étonnait et, les yeux toujours fermés, je m'aperçus que mon vocabulaire silencieux évoluait à mesure que remontaient les souvenirs. D'*unanimité*, j'étais passé, sans y prendre garde, à *décalque*, puis à *docilité*, puis à *soumission*, puis à *assujettissement*. Je me suis réveillé en arrivant à *esclavage*. Un instant, me dis-je... J'ai rouvert les yeux, j'ai revu toutes ces échelles et c'est alors que, cessant tout à fait d'écouter la musique (*il mio labbro palpitante non può detto palpitar...*), je me posai la question à laquelle j'étais parvenu sans y songer : cette subordination, cette servilité, à quelle nécessité répondait-elle ? Pourquoi des échelles ? Et je me suis répondu à moi-même : « À cause des règles de sécurité »…

Les associations d'idées sont ce qu'elles sont. On n'en est pas maître. Alors que je regardais les chanteuses évoluer sur la scène au milieu des échelles, dans des atours très légèrement fragonardisés ou marivaldieux, j'ai pensé au pompier de service. Vint alors l'illumination. Tudieu, me dis-je (*giusti numi! cosa sento!*), ces échelles ne sont pas un décor ! Ni ces vilaines chaises d'arrière-cuisine, ni cette table bancale, ni ces malles entreposées, ni le seau ! Ce n'est pas un décor : ce sont les coulisses du théâtre ! Don Alfonso, Ferrando, Guglielmo, Fiordiligi, Dorabella, Despina, comme ailleurs Didon, Énée, Belinda, la sorcière, tous chantent dans les coulisses ! Ce que nous regardons, nous, spectateurs, c'est le fond de scène. Il n'y a pas de décor. Ces échelles, ce sont celles qui ont pour fonction de monter aux combles et de manœuvrer ce qu'autrefois on appelait des machines, des poulies, des cabestans, enfin des décors.

Mais je l'ai dit : j'avais rouvert les yeux, et une vérité foudroyante aussitôt m'y sauta (*in qual fiero contrasto, in qual disordine di pensieri!*) : les coulisses de ce théâtre-là, je les connaissais, pour les avoir parcourues souvent. Ce que je voyais, ce n'était pas ses vraies coulisses ! Les échelles n'étaient pas celles du pompier de service, ni celles du machiniste ! Ce fond de scène était en réalité un authentique décor, représentant une absence de décor. Cette absence de décor était une fausse absence destinée à me faire croire qu'il n'y avait pas de décor. On avait laborieusement installé sur cette scène de lourds panneaux déguisés en faux murs lépreux et sales, péniblement lézardés et crevassés pour qu'ils ressemblent le mieux possible au fond de scène d'un vrai théâtre ; et je me souvins alors avec précision d'autres murs avec soin fissurés et «léprosifiés» (comment dit-on «fabriquer un mur lépreux»?), où l'on avait installé, au début de l'acte II, les échelles qui manquaient : *Didon et Énée* sans échelle, comment imaginer cela ?

Ainsi, ce que j'avais pris d'abord pour la révolution universelle de l'absence de décor, celle qu'on attendait depuis la construction en 1585 du Teatro Olimpico de Vicence, était une illusion théâtrale, ayant pour fonction d'accentuer la vérité du faux ; la nuit du 4-Août du décor de théâtre n'avait pas eu lieu ; l'absence de décor était un décor, mais à l'envers. Une tromperie, comme tout décor de théâtre, mais double.

J'ai alors commencé à philosopher. Une tromperie double, me suis-je demandé, *mais à tout prendre qu'est-ce* ? C'est une escroquerie : piéger deux fois le pigeon, pour que le second leurre authentifie le premier, c'est l'enfance de l'art de la friponnerie ; on savait cela bien avant Vautrin.

Après le spectacle, j'ai continué à essayer de penser, avec pas mal de tristesse, et je vais vous dire pourquoi. Peu à peu, je découvrais que la monotonie des échelles, ce n'était pas grave. Beaucoup moins en tout cas que la dangereuse passerelle sur laquelle les chanteurs se cassaient la figure en passant au-dessus de l'orchestre. La révélation m'est venue lors d'un minuscule incident, volontairement inséré dans la mise en scène.

Vous savez ce que c'est qu'une gifle. Ce n'est parfois qu'un tout petit mouvement léger et même désinvolte; mais si faible qu'il soit, il fait un bruit : un claquement (d'où le mot claque) bref, sec, net comme le sont eux-mêmes ces trois adjectifs.

Une gifle, au théâtre, il faut savoir que c'est une chose très délicate. Tout dans l'acteur qui va la donner doit traduire sa colère, son *digne ressentiment*; il doit faire le geste avec vivacité, vigueur, et même avec force, et pourtant ne pas gêner le comédien qu'il frappe. Il lui faut donc à peine l'effleurer, mais le bruit de la claque doit pouvoir s'entendre jusqu'au dernier balcon et au dernier rang du poulailler. Il y a donc un vieux « truc » de théâtre qui consiste à faire semblant (tout est *semblant* au théâtre…) de gifler, tandis que dans les coulisses un comparse, ou le régisseur lui-même, claque dans ses mains au bon moment. Tout le succès de cette opération réside évidemment dans la bonne synchronisation du geste et du son.

Or ce soir-là, au milieu des échelles du faux décor représentant l'absence de décor, un figurant coiffé d'un tricorne entrait sur la scène, une seconde avant que la chanteuse ne fasse le geste de la gifle et, juste au bon moment, il claquait ostensiblement dans ses mains, sous vos yeux, pour que vous soyez bien sûr que cette gifle était fausse, que son geste et le son de son geste étaient bien détachés l'un de l'autre, que cette «distance» vous confirme ce que vous aviez deviné depuis longtemps : qu'au-delà du faux décor et de la fausse gifle, ce que disaient, chantaient, jouaient, mimaient les chanteurs était également faux, que tout était faux, en particulier la musique de Mozart.

C'était ce qu'il fallait démontrer, et cela aurait été assez comiquement réussi, s'il n'y avait eu la musique de Mozart qui était vraie. Vous spectateur, vous étiez là pour l'aimer, et vouloir vous interdire de le faire en vous détachant d'elle était un double, triple, quadruple faux, décidément, une escroquerie.

* *
*

Blague à part, quelle pouvait être la signification de toutes ces échelles ? Et de cette gifle ?

D'échelle en échelle et de fil en aiguille, ne faut-il tout de même pas en venir à la vraie question, toujours la même : pourquoi ?

Autrement dit : quel supplément de sens trouve-t-on à un spectacle représenté dans un décor représentant l'absence de décor et où l'on donne une gifle en montrant que ce n'est pas une gifle ?

J'ai fini, à force d'y repenser, par me convaincre que c'était le dernier avatar d'un très long cheminement, lentement dévié et dévoyé, détourné à force de se retourner sur lui-même, et qui a peu à peu perdu son sens à force de le chercher.

Je voudrais dans les pages qui vont venir, Ami lecteur, essayer de réfléchir un peu.

J'essaierai de calmer ma colère. C'est difficile. Pendant quelques pages, je vais vous paraître austère et doctoral. Il me faudra parler de Diderot, de Bertolt Brecht, de Stanislavski, et même citer Roland Barthes.

Si je vous ennuie, sautez quelques pages, vous retrouverez ma colère toute nue, comme la vérité d'après la légende : mais je voudrais pourtant, juste un moment, la calmer et tenter de comprendre.

Allons. Courage.

III

Le jeu des rôles

Bien entendu, vous aimez le théâtre. Moi aussi.

Vous aimez donc cet univers étrange, à double fond, ou l'on ne vous raconte pas une histoire, mais où on vous la montre. Nous ne prenons pas suffisamment garde à la singularité de ce phénomène : l'habitude, toujours elle, tente de nous le faire croire naturel, depuis tant de siècles qu'il fait en effet partie de ce que nous appelons notre culture. Le cinéma et la télévision ont ensuite si bien faussé le jeu qu'il faut revenir un instant aux sources, poser ensuite la vraie question, qui est toujours la même : pourquoi ?

* *
*

Le conteur, c'était déjà un bien curieux double personnage. Il était là (depuis quand ?), assis sur son petit tapis, grattant parfois son takkhé ou son chapey, à côté du marchand de phaak au riz gluant : il racontait l'histoire de Rama et de Sita avec le singe Hanuman. Ou bien devant la grande cheminée du donjon, narrant les aventures de Roland ou du Chevalier au Lion. Ou encore, près du vendeur de zucca barucca, débitant les intrigues de Colombine et de ses amoureux. Ou même, pas plus tard qu'hier, un verre à la main, c'était l'un de vos amis qui retraçait, une fois de plus, pour vos invités, la dernière version de sa célèbre aventure.

L'art du conteur consiste à se dédoubler devant vous. Jamais il ne vous permet d'oublier que c'est lui qui parle; mais dans le même instant, avec les propres regards de ses propres yeux, sa main, sa voix, ses intonations, la phrase en suspens, il voudrait que vous ayez une prescience de l'existence de l'autre, celui qu'il nous montre bien qu'il n'est pas. Il l'imite; il le dessine; il suggère sa présence. Il est presque l'autre; et à l'instant où vous allez vous laisser prendre, un petit geste, un regard, une intonation suffisent pour rectifier le jeu : «Mais non, pardon, c'est moi. Vous ne trouvez pas que je suis bon?»

Le monde du théâtre est beaucoup plus trompeur. Même si celui que vous voyez et écoutez s'appelle Louis Jouvet, ou Michel Simon, ou Laurence Olivier, ou Jeanne Moreau, que vous connaissez son visage et sa voix, il faut que vous l'oubliiez : c'est lui-même qui l'exige. Il n'est plus lui. Il est l'autre. C'est Jouvet lui-même qui l'affirme : «Le comédien, sa nature et sa vocation sont d'être vide et creux, disponible, accessible, vacant, habitable».

Le théâtre, c'est une tricherie de chaque instant, et c'est Jouvet encore qui le dit : «Le métier d'acteur a toujours quelque chose de sordide. »

Pour peu qu'on creuse, on comprend bien pourquoi, dès l'origine, dès la première représentation que l'Histoire nous ait transmise, le théâtre a suscité la méfiance, autant que le plaisir. À peine est-il né, déjà Platon le récuse.

Il y a même une bien étrange anecdote que nous raconte Plutarque et qu'il nous faut méditer : celle de la terrible colère de Solon, celui qui fit d'Athènes la première démocratie. Le théâtre, ce que nous appelons de ce mot, n'existait pas encore. Les « dionysiaques » étaient des rituels, partie liturgie, partie magie, avec une bonne dose d'hystérie collective. Nous devrions nous souvenir davantage d'un certain Thespis, qui est le premier véritable homme de théâtre de notre Occident. Bien avant Eschyle et Sophocle, il organisa les premiers spectacles où les « personnages » (je reviendrai sur ce mot), les héros, étaient « joués » (j'y reviendrai aussi) par ce que nous appellerions des « acteurs », c'est-à-dire des hommes qui s'effaçaient devant celui qu'ils « représentaient ». Et pour qu'ils le fassent avec plus d'efficacité, Thespis les avait pourvus de masques : les premiers masques de théâtre. Cela se passait vers 540 avant J.-C.

Or, voici que Solon, le penseur, l'homme d'État, notre premier démocrate, l'inventeur des droits civiques, s'approcha de Thespis après le spectacle, l'injuria et lui demanda avec colère (je cite Plutarque) « s'il n'avait pas honte de proférer de tels mensonges, et devant tant de gens assemblés ».

Donc, la première représentation théâtrale de notre histoire a été aussitôt taxée de « mensonge ». Solon avait mis le doigt dès le premier instant sur le cœur de la chose : le théâtre est d'abord mensonge et tromperie. Meilleur il est, plus il est « illusion », comme dit Corneille. Plus il est faux, plus il est vrai.

Ainsi, le conteur, de la préhistoire à nos jours, était un homme qui disait : « Je suis moi, et je vous prends à témoin que je ne suis pas celui que je fais semblant d'être. »

L'acteur, lui, proclame, ou plutôt insinue : « Ne croyez pas que ce soit moi qui parle : c'est lui. Même si vous reconnaissez que je suis

Louis Jouvet, je ne suis plus Louis Jouvet, je suis Tartuffe, ou Dom Juan, ou Knock. »

L'acteur est l'homme qui vous dit ce qu'un autre dit, en feignant que ce soit l'autre qui le dit. Pourtant l'autre, c'est lui.

Le théâtre est donc cette roublardise démultipliée par laquelle on vous montre tous les détails d'une aventure comme si elle se déroulait sous vos yeux et que vous en étiez les témoins. Tout est fait pour que vous ressentiez la même émotion que si vous assistiez à un accident véritable. Celui qui dit les mots d'Agamemnon n'est pas Agamemnon, sa fille n'est pas Iphigénie : ce sont des pensionnaires de la Comédie-Française. Ils récitent les mêmes phrases tous les mercredis, mais il faut que vous pleuriez : et vous pleurez.

Plus encore. Peut-être avez-vous déjà vu cette scène : une fois, cinq fois, dix fois. Et si les acteurs sont bons, vous pleurez comme si c'était la première.

Encore mieux. Plus vous la voyez, et plus vous pleurez. N'est-ce pas incroyable ? Vous êtes davantage ému si vous savez par cœur ce qui se joue devant vous. C'est bien là le truc le plus étrange de cet art étonnant qu'est le théâtre. Cela vaut pour le rire comme pour les larmes. Arlequin refaisait indéfiniment, de spectacle en spectacle, les mêmes *lazzi*. Plus on les sentait venir, plus on riait d'avance de simplement penser qu'on allait rire; et l'art d'Arlequin consistait à faire savoir d'avance ce dont on allait rire. Molière reprenait cinq fois de suite «mais qu'allait-il faire dans cette galère», certain qu'il était qu'on rirait davantage à la cinquième : et c'est ce que vous faites, trois siècles après.

La répétition accentue le pouvoir du théâtre. Elle met en branle en vous, spectateur, une sorte d'anticipation. Vous précédez l'acteur dans ce qu'il va dire ou faire devant vous. Vous le jouez mentalement avant même qu'il ne le fasse sur la scène et vous riez deux fois : de votre propre jeu intérieur, muet, et de sa réalisation, officielle, si je puis dire, sur la scène.

Ce qui se passe pour le rire l'est aussi pour les larmes et pour l'émotion. Vous l'éprouvez avant même qu'elle ne soit dite. Sur la scène, l'acteur ne fait en somme que jouer ce que vous, specta-teur, vous ressentez en vous.

Vous ne le saviez pas, mais, ce faisant, vous vous êtes dédoublé comme lui. Vous êtes vous, et déjà vous êtes lui, comme lui est lui et l'autre. Tout spectateur est, plus ou moins, un acteur.

C'est le grand secret méconnu du théâtre : on aime davantage à proportion qu'on joue soi-même, silencieusement. Le bonheur du théâtre ressemble à des retrouvailles : «Comme je suis heureux de te revoir… Depuis le temps!», y compris celui de la surprise : «Je ne te reconnais plus, comme tu as changé depuis la dernière fois… Tu es toujours le même, mais…»

Le théâtre est fait, simultanément, de l'attente et de la surprise. C'est son bonheur et c'est son malheur. Car à trop jouer sur la surprise, on casse tout. J'y reviendrai, puisque c'est la raison de ma colère.

* *
*

Me suis-je calmé, Ami lecteur?

Si vous le croyez, vous vous trompez. Vous savez bien qu'il faut huiler le canon de son revolver. Je huile.

IV

Le paradoxe du comédien

Diderot nous en a parlé jadis, dans ce merveilleux ouvrage qu'on lit, justement, comme un dialogue de théâtre : *Le Paradoxe du comédien*. Il l'avait abordé déjà, de biais, dans *Le Neveu de Rameau*. Et je dirais volontiers que tous ceux qui, depuis (et moi inclus), se penchent sur les problèmes du théâtre, ne font que reprendre l'éternelle question que Solon avait posée vingt-cinq siècles auparavant, en apostrophant Thespis, et que Platon avait reposée, et Aristote après lui, et que ne cesse de soulever chaque représentation. Question sousentendue, ou bien proscrite et ostracisée, ou considérée par en dessous : entre le personnage que l'on joue et celui qui le joue, quelle est la relation véritable ? Quel est le lien ? Je ne suis pas ce que je suis, mais je fais tout ce que je peux pour que vous le croyiez. Suis-je menteur, comme criait Solon à Thespis ? C'est mon *rôle*.

Un instant, je vous prie. Depuis des siècles on utilise le même mot pour dire deux choses : le *rôle*, c'est un texte écrit que l'on doit jouer, et c'est une personne qui joue ce texte écrit. Je « joue le rôle » d'Arlequin ; et je dis « je suis, ce soir, Arlequin ». Arlequin, c'est mon « rôle » : c'est cet autre que j'imite. C'est ce texte que je récite, et c'est moi. Lequel de ces deux mots dit la vérité ?

L'histoire du théâtre réserve, quand on y songe, de bien étranges épisodes, toujours plus révélateurs à proportion qu'ils sont plus inattendus. Le premier, la colère de Solon, était plein de sens : il pointait le mensonge et l'illusion. En voici un autre, qui ne manque pas de piquant.

Il y a des siècles et dans des circonstances fort peu théâtrales (un concile…), trois cent dix-huit évêques et l'empereur Constantin eurent à inventer un mot pour définir ce que c'est qu'une «personne». En quoi un être vivant, chair, âme, pensée, destin, constitue-t-il une «personne»? Qui est «moi»? Avec une surprise que nous avons peine à imaginer, on s'aperçut que ni en grec, ni en latin, ni en hébreu, on ne disposait d'un mot pour dire tout cela à la fois, et encore moins pour dire comment Dieu est à la fois *un* et *trois* – trois quoi?

Il est presque cocasse d'imaginer que le seul mot que ces trois cent dix-huit évêques réunis en concile ont pu concevoir pour dire l'unicité de tout être humain devant l'Éternité, et écrire dans leur *Credo* comment on pouvait distinguer trois *êtres*, trois *uniques*, trois en un, fut un mot de théâtre. Ils ont été pêcher le mot *persona*, c'est-à-dire le nom de ce masque porte-voix que, depuis Thespis, les acteurs se mettaient sur le visage, à Olympie, à Delphes, à Rome, à la fois pour *faire sonner* (*per-sonare*) leur voix et pour s'identifier à Agamemnon ou à Thésée, ce que nous avons depuis appelé *personnages*. Notre *moi*, et tout ce qui va avec, le surmoi, l'inconscient, la conscience, le refoulé, le non-dit, porte le nom de cet accessoire destiné à se faire entendre du public jusqu'au dernier gradin du *koïlon*, cette sorte de haut-parleur en forme de bouche, destiné à faire *sonner* ce qu'on disait tout en se faisant reconnaître pour ce que l'on n'est pas :

C'est à toi, sombre face, à toi, l'épouse en fureur,
Que je parle! Médée, sors de cette terre pour l'exil!

C'est donc Jason, et non Créon, qui parlait : on le savait par son masque, *persona*, qui le faisait être ce qu'il n'était pas.

Nous ne sommes donc des *personnes*, et la Trinité n'est faite de trois «personnes», que depuis que les évêques réunis à Nicée ont choisi ce mot pour tenter de transcrire ce que c'est qu'un individu, ce qui fait l'unité d'un être, de sa pensée, de son âme, de son cœur, de son histoire. Comment se peut-il qu'on ait choisi pour dire cela précisément le mot qui confond ce que je joue et la manière dont je le joue, ce que je suis et ce que je fais semblant d'être?

Moi, comédien, qui suis-je? Quand je profère

Rentre en toi-même, Octave!

ou que je murmure

Mon sein n'enferme pas un cœur qui soit de pierre

quelle proportion d'Auguste ou de Tartuffe a pénétré en moi? Et en entrant en moi, me dépouille-t-elle d'une part de moi?

Si je mets un masque sur mon visage, comme faisaient les Grecs qui jouaient Sophocle, ou deux mille ans plus tard les Italiens qui jouaient Scaramouche, qui suis-je encore? Agamemnon, ce n'est pas moi : c'est mon «rôle». Je dis pourtant ses propres mots avec son «masque», *persona*, sur mon visage. Suis-je encore moi, ou moins moi, et suis-je mieux Agamemnon, ou Jason, ou Rodrigue, ou Monsieur Jourdain, si je lui ressemble ou si, oubliant qui je suis (une *personne*), je me plie à ce qu'il est?

Louis Jouvet, qui étiez-vous?

* *
*

Diderot, en 1769, a saisi à pleins bras le problème qui le tarabustait d'ailleurs depuis longtemps, et bien d'autres avant lui. On a bien des raisons de se demander dans quelle mesure la suspicion dans laquelle on tenait les gens de théâtre au Moyen Âge, à la Renaissance, au XVIIe siècle encore, l'interdiction des calvinistes et des puritains, l'excommunication des comédiens (pauvre Molière, enterré à la sauvette, sans que se déplace le curé de Saint-Eustache) ne tenait pas à cette « duplicité » qui est au cœur du problème. Quand on passe sa vie à être double, qui est-on? « Menteur », disait Solon en 540 avant Jésus-Christ. Au jugement dernier, qui va-t-on juger? Vous? Ou ce que vous avez dit être, et que le public croyait d'autant plus que vous étiez, si vous étiez bon : Molière, contrefaisant le mort, et mourant. On ne doit jamais traiter trop légèrement les questions qu'un peu naïvement soulève le Moyen Âge. Ce sont souvent de vrais problèmes.

Diderot, qui n'était pas particulièrement médiéval, a donc posé celui-ci : ma *personne* (on dit aujourd'hui mon *moi*) peut-elle, si je suis comédien (nous disons *acteur*), se confondre avec le personnage que je joue ? S'ils se rapprochent, si mon *rôle* attire mon *être*, ou si ce que je *suis* rejoint ce que je *joue*, suis-je un meilleur acteur ?

Diderot répond : *non*.

C'est le paradoxe. Il ne sert à rien d'être ce que l'on joue, et encore moins de jouer ce que l'on est.

Un moyen sûr de jouer petitement, mesquinement, c'est d'avoir à jouer son propre caractère. Vous êtes un tartuffe, un avare, un misanthrope, vous le jouez bien ; mais vous ne ferez rien de ce que le poète a fait ; car il a fait, lui, le Tartuffe, l'Avare et le Misanthrope.

– Quelle différence mettez-vous entre un tartuffe et le Tartuffe ?

– Le commis Billard est un tartuffe, l'abbé Grisel est un tartuffe, mais il n'est pas le Tartuffe. Le financier Toinard était un avare, mais il n'était pas l'Avare. L'Avare et le Tartuffe ont été faits d'après tous les Toinards et tous les Grisels du monde ; ce sont leurs traits les plus généraux et les plus marqués, et ce n'est le portrait exact d'aucun ; aussi personne ne s'y reconnaît-il.

Donc, selon Diderot, il ne sert de rien que votre personne à vous, comédien, ressemble à ce que vous devez représenter. Il est encore moins utile de ressentir l'émotion de ce que l'on joue, c'est-à-dire en jouant moins et en étant plus :

Que j'aie un récit un peu pathétique à faire, il s'élève je ne sais quel trouble dans mon cœur, dans ma tête ; ma langue s'embarrasse ; ma voix s'altère ; mes idées se décomposent ; mon discours se suspend ; je balbutie, je m'en aperçois ; mes larmes coulent sur mes joues, et je me tais.
– Mais cela vous réussit.
– En société ; au théâtre, je serais hué.

– Pourquoi?

– Parce qu'on ne vient pas pour voir des pleurs, mais pour entendre des discours qui en arrachent.

Moi, comédien, je dois donc être *moins* et jouer *plus*. Diderot conclut : «Un orateur, dit-on, en vaut mieux quand il s'échauffe, quand il est en colère. Je le nie. C'est quand il imite la colère. Les comédiens font impression sur le public, non lorsqu'ils sont furieux, mais lorsqu'ils jouent bien la fureur... Il se fait tard, allons souper.»

* *
*

Tout est paradoxe dans cette affaire : Diderot a eu raison de poser cette question et de lui donner ce titre. Quand on veut parler de théâtre, on ne fait plus depuis deux siècles que retourner le même problème, côté pile, côté face. Stanislavski, puis Grotowski, puis Brecht, puis Barthes : que font-ils, en définitive, que s'interroger, encore et encore, sur cette «distance» qu'il y a entre ce qu'on est et ce qu'on joue, comment, pourquoi, pour qui?

Car il y a aussi *pour qui*? Diderot n'en a guère parlé, Brecht beaucoup; et depuis qu'il l'a fait, on ne fait guère autre chose que retourner le *pour qui*? en *pourquoi*? et en *comment*?

V

Le paradoxe du spectateur

Paradoxe.

Puisque Diderot nous a conduits jusqu'ici et qu'il va falloir encore en parler, mettons les choses au clair tout de suite.

Du grec *para*, «à côté»; et *doxê*, «opinion». Un paradoxe, c'est donc une manière de «penser pas comme les autres». J'ai toujours aimé cette petite sentence de Jean-Jacques Rousseau : «J'aime mieux être un homme à paradoxes qu'un homme à préjugés.» Il voulait dire, nous comprenons bien, «être un homme qui exprime des pensées *à côté*, ou *contre* l'opinion reçue». Je le soupçonne d'avoir même voulu insinuer *au-delà* : c'était assurément l'idée qu'il avait de lui-même. Passons…

Mais il m'a toujours semblé qu'un paradoxe était quelque chose de plus complexe. Ne fait-il que se séparer des opinions couramment admises et partagées? Je crois qu'en outre il s'interroge sur lui-même, comme s'il y avait en lui une zone d'incertitude, une *duplicité* de nature. Le paradoxe me paraît paradoxal à l'intérieur de lui-même. Dans son *Paradoxe du comédien*, Diderot ne se contente pas d'affirmer le contraire de ce que croient la plupart des amateurs de théâtre, et de nier que plus on ressemble au rôle qu'on joue sur scène, meilleur on est : il nous décrit une situation double et ambiguë. Mon personnage et moi, quels rapports entretenons-nous exactement? Plus je lui ressemble, moins je suis lui. Moins je suis moi, mieux je suis lui. Plus je le regarde du dehors et plus j'ai de chances d'être dedans.

Pourtant, Stanislavski l'a affirmé depuis, et il savait de quoi il parlait, on n'est bon que si l'on ressent tout ce qu'on joue. Il faut éprouver soi-même toutes les émotions que l'on imite. C'est ce qu'il appelait le *sous-texte* : ce qui se cache au-delà des mots que dit l'acteur et qu'il ne peut découvrir qu'en lui-même, par une sorte de travail de réminiscence.

***
*

Mais ce serait trop simple, s'il n'y avait au théâtre qu'un seul paradoxe. J'en vois un autre : le *paradoxe du spectateur*. De celui-là, on parle peu, ou mal.

Si l'on en parle moins, c'est sans doute parce que Diderot ne l'a pas auréolé de son prestige. Je le crois pourtant aussi important, et au moins aussi faux jeton que son frère presque siamois.

Diderot l'a effleuré mais sans le voir, comme on passe devant quelqu'un sans le reconnaître parce qu'on regarde devant soi. Il en a eu l'intuition fugitive. Mais ce n'était pas son sujet :

son paradoxe n'était que celui du comédien, de l'autre côté du rideau de scène. Quand on regarde deux choses à la fois, on louche. C'est une dame, bien entendu, qui a failli le lui faire deviner, «une femme, dit-il, pleine de finesse et d'esprit, la princesse Galitzine». Cette princesse venait, nous dit-il, d'assister à une représentation du *Déserteur*, texte de Sedaine, musique de Monsigny. Connaissez-vous *Le Déserteur*? Sans doute pas. Cela fait partie de ces œuvres qui ont bouleversé leur temps, et qu'on oublie ensuite. Pour comprendre une époque, il faut parfois se pencher sur ses œuvres mineures (Dieu sait ce que dans deux ou trois siècles on considérera comme important de ce qui nous émeut aujourd'hui et qui coûte très cher). Cette œuvre-là date de 1769, l'année même où Diderot publie son *Paradoxe du comédien*. Elle nous raconte l'histoire d'un pauvre garçon qui va perdre à la fois son amour et sa vie parce que, tout simplement, il a déserté son régiment : par amour, bien entendu. C'est une transcription domestique, terre à terre, quotidienne, une «actualisation» de l'histoire d'Orphée, qui perdit Eurydice pour l'avoir regardée une fois de trop.

La princesse Galitzine vient de voir ce spectacle, les larmes aux yeux et des sanglots dans la poitrine. Un certain Caillot a chanté (Diderot écrit «joué») le rôle de ce pauvre soldat et a bouleversé la princesse. Ils se connaissent et le chanteur vient la saluer dans sa loge à la fin du spectacle. Diderot ne veut pas autre chose que nous parler du paradoxe du comédien (le chanteur est un comédien...) : mais sans même s'en apercevoir, il aborde un autre sujet :

Caillot avait joué le Déserteur, il était encore sur le lieu où il venait d'éprouver et elle de partager, à côté de lui, toutes les transes d'un malheureux prêt à perdre sa maîtresse et la vie. Caillot s'approche de sa loge et lui adresse, avec ce visage riant que vous lui connaissez, des propos gais, honnêtes et polis. La princesse, étonnée, dit : Comment, vous n'êtes pas mort ! Moi qui n'ai été que spectatrice de vos angoisses, je n'en suis pas encore revenue.

– Non, Madame, je ne suis pas mort. Je serais trop à plaindre si je mourais si souvent.

– Vous ne sentez donc rien?

– Pardonnez-moi…

Nous avons bien compris que Diderot veut nous parler de l'insensibilité toute professionnelle et, peut-être, moins profonde qu'il ne semble, du comédien. Caillot a imité la douleur, il a fait comme s'il mourait. La princesse, avec quelque chose comme de la naïveté, y a cru. Les angoisses feintes du comédien, elle en a été la «spectatrice», comme elle dit : et elle les a si bien «partagées», comme elle dit encore, elle s'y est à ce point «engagée», qu'elle «n'en est point encore revenue», ce qu'il faut lire au sens le plus fort : elle n'en est point «sortie». Elle est encore «dedans» et s'étonne de l'apparente insensibilité de celui même qui l'a émue. «Pardonnez-moi, madame»…

Ainsi, le spectateur est un acteur. Il est même plus acteur que l'acteur. Au fond de sa loge, la princesse Galitzine regarde sans bouger, sans peut-être même tressaillir ou frissonner.

Elle regarde Caillot qui, lui, va et vient sur la scène, nerveux, joignant les mains comme on faisait alors au théâtre et sur les tableaux de Greuze, attend désespérément sa maîtresse : «Mais Louise ne vient pas, et mon heure s'approche…»

Ce qui se dit, ce qui se fait, les sanglots, les langueurs (nous sommes en 1769…), elle les vit intérieurement. Ce dont Caillot ne fait qu'une fausse copie (puisque nous apprendrons *après coup* qu'elle est fausse, et qu'il feint, imite, copie, fait semblant), elle, la princesse, en fait une vérité dans son âme. Elle est ce jeune homme qui va perdre sa maîtresse en même temps que sa vie ; elle est davantage le déserteur que Caillot qui est censé l'être.

Le rideau tombe et elle ne peut pas comprendre qu'il ne soit pas mort aussi, et qu'il pénètre dans sa loge en riant et en plaisantant.

Le dédoublement du spectateur, ce n'était pas le sujet de Diderot et c'est pourquoi il ne fait que l'effleurer en nous peignant l'étonnement de la princesse : il avait, ce faisant, un tout autre but, parler de l'acteur, la princesse n'était qu'une sorte de miroir, destiné à nous faire sentir, par contraste, le paradoxe du comédien, et de lui seul. Mais celui du spectateur, il a bien fallu qu'il l'évoque. Or nous avons bien compris que cette princesse émue, ce n'est pas à Caillot qu'elle s'est identifiée à en pleurer : c'est au personnage, à Alexis, ce malheureux qui a déserté parce qu'on lui a fait croire que, là-bas, sa fiancée allait être mariée à un autre. L'acteur n'est donc qu'un truchement; ce n'est pas lui qui noie de pitié l'âme de la princesse, c'est Alexis, à travers la musique de Monsigny.

* *
*

Le *Paradoxe du spectateur* est beaucoup plus complexe que celui de l'acteur. Celui qui regarde un spectacle s'identifie au personnage mais, curieusement, il le fait d'autant mieux qu'il y a plus de distance entre eux. Tout se passe comme si cette intériorisation était proportionnelle à l'éloignement de ce qu'il voit et à la distance qui s'établit entre le personnage et lui.

Pourquoi donc croyez-vous que, depuis qu'on fait du théâtre en Occident, les personnages sont des rois? Pourquoi le Roi Lear est-il roi? Pourquoi Bérénice est-elle reine? Et Didon?

Je ne suis certes pas le premier à poser la question; mais je remarque que tous les critiques, théoriciens, chercheurs, philosophes et même metteurs en scène qui l'ont seulement effleurée depuis cent ans (tout le XXe...) sont tombés dans le piège comme des enfants de chœur.

Pourquoi des rois? Pour des raisons purement sociologiques, disent-ils d'une seule voix : le théâtre et l'opéra se sont développés à une époque révolue où la société hiérarchisée exigeait que les personnages appartiennent aux classes dominantes. Même si Hamlet est un prince discutable, même si Néron est un mauvais empereur, tout ce monde-là doit être fait de rois, d'empereurs, de princes et de comtesses.

L'argument ne vaut pas. Depuis combien de siècles n'y avait-il plus de rois en Grèce? On détestait les rois et les royaumes, on avait banni les tyrans, les Théagène et les Pisistrate, pour que Démosthène puisse plaider et que Platon écrive la *République*. Pourtant, à Delphes, à Olympie, à Athènes, au temps de Sophocle, Thésée était roi, Œdipe était roi et Antigone fille de roi. Au théâtre, on est encore roi en république, Oreste est roi et Médée est reine. Pourquoi ? Pas du tout pour l'esthétique de la classe dominante (qui d'ailleurs ne domine plus rien). Pour la *distance*.

Quand la Renaissance ressuscitera la tragédie et inventera l'opéra avec l'idée obsessionnelle de retrouver le grand secret des Grecs, ce n'est donc pas d'une royauté *sociale* qu'elle couronnera ses personnages. La royauté, au théâtre, c'est une métaphore. C'est un instrument destiné à établir entre le spectateur et le personnage cette indispensable distance, sans laquelle l'identification paradoxale n'est pas possible.

* *
*

Cette fois, nous sommes bien au cœur même du paradoxe, au point exact de l'indénouable contradiction. Elle était déjà pleine et entière à Delphes, au temps d'Eschyle et de Sophocle, elle est encore vraie à l'époque de Racine. Le spectateur, pour éprouver en lui-même l'équivalent émotionnel, pour créer en lui ce que Sartre aurait appelé son *analogon*, doit pouvoir, dans le même mouvement de sa pensée, mesurer l'éloignement, la distance infranchissable qui le sépare du personnage qui l'émeut : et l'on n'a pas trouvé encore de meilleur outil pour l'éloigner par la pensée, que d'en faire un roi, là-haut, là-bas, le plus loin possible.

Cette royauté n'est que l'instrument scénique et dramatique qui permet au personnage d'accéder à un statut supérieur, non pas du tout de la société, mais de l'émotion, de la poésie et de la beauté. C'est vieux comme la Grèce. Bien loin d'avoir pour fonction d'installer un système social hiérarchisé sur la scène du théâtre, c'est lui qui travaille à l'en bannir. Ce statut de roi ne sert qu'à conférer *symboliquement* aux personnages un degré de vie intérieure plus intense que n'est le nôtre, spectateurs ordinaires; car (c'est le plus grand mystère du théâtre…) il n'y a pas d'autre manière de faire pour que nous puissions communier avec lui, l'approcher de nous, le faire entrer en nous, que de l'éloigner. « Je suis le prince Golaud. » « Vous êtes empereur, Seigneur… »

On est tombé droit dans le piège si l'on croit une seule seconde que ce « prince » ou ce « seigneur » sont destinés à introduire une situation hiérarchique. Chaque mot de Maeterlinck, chaque note de Debussy font pourtant ce qu'ils peuvent pour éloigner de nous le personnage, nous faire perdre tous les repères, nous interdire de mesurer le temps, l'espace. Ils le lui font même chanter : « Je ne sais pas… Je suis perdu aussi… » Et Mélisande : « Oh! loin d'ici… loin… loin… »

* *
*

C'est en cela que se séparent la comédie et la tragédie. La première peut être familière et quotidienne; pas la seconde. C'était vrai chez

Sophocle, c'est toujours vrai dans Shakespeare, dans Racine, dans Berlioz ou dans Debussy : l'œuvre dramatique pénètre en nous à proportion que les personnages s'éloignent, dans l'immatériel, dans le temps. À défaut, dans l'espace.

Racine a une bien intéressante histoire à nous raconter à ce sujet. On ne l'attendait pas à ce tournant.

Dans la Préface de *Bajazet*, il s'excuse (mais oui : Racine «s'excuse») d'avoir «osé» écrire une tragédie qui se passe au siècle même de Louis XIV et dont les personnages sont donc «des contemporains». Si nous comprenons bien, il est essentiel, dans son esprit, que les héros de la tragédie soient «loin, loin…», mais toujours dans le temps ou dans l'univers de la légende et du mythe.

Donc, il «s'excuse», comme s'il avait commis une faute en donnant «dans l'actualité». Dieu merci, ajoute-t-il, ce sont des Turcs. Comme je ne peux pas les placer dans le lointain du temps, je les place dans le lointain de l'espace : chez les Turcs.

Écoutez Racine :

Quelques lecteurs pourront s'étonner qu'on ait osé mettre sur la scène une histoire si récente [...]. À la vérité, je ne conseillerais pas à un auteur de prendre pour sujet d'une tragédie une action aussi moderne que celle-ci. [...]. Les personnages tragiques doivent être regardés d'un autre œil que nous ne regardons d'ordinaire les personnages que nous avons vus de si près. On peut dire que le respect que l'on a pour les héros augmente à mesure qu'ils s'éloignent de nous : *major e longinque reverentia* [le respect croît avec la distance – le mot est de Tacite]. L'éloignement des pays répare, en quelque sorte, la trop grande proximité des temps : car le peuple ne met guère de différence entre ce qui est, si j'ose ainsi parler, à mille ans de lui, et ce qui est à mille lieues.

Le secret du théâtre, de l'opéra, de la poésie de la scène, Racine nous le confirme, c'est la *distance*. La royauté, n'est qu'une métaphore de la distance, et la Turquie aussi.

Toute la question est que cette *distance*, lorsqu'elle est intériorisée par le spectateur, devient le moyen de son identification au personnage. Plus il est loin, plus il est moi. Plus il est mythe et plus je suis dedans.

* *
*

Vous ai-je ennuyé, Ami lecteur? Il fallait pourtant bien que j'en arrive à ce mot : la *distance*. Nous allons maintenant le traduire en allemand, le retourner dans tous les sens, lui faire réintégrer la sociologie, lui infuser une bonne dose de politique et c'est là que les vrais ennuis vont commencer.

Courage…

Vous attendiez ma colère? Patience, elle arrive.

Je huile.

VI

Saint Brecht bouche d'or

La grande mutation du théâtre qui se produit au cours du XXe siècle n'est pas, bien entendu, l'œuvre d'un homme seul. En art, quoi qu'on en pense, on n'est jamais seul. Les œuvres les plus révolutionnaires (comme on dit, mais le mot n'est pas juste...), les plus novatrices (c'est à peine meilleur...), disons les plus originales, flottent toujours sur un petit Gulf Stream, parfois léger, imperceptible, parfois violent : une idée nouvelle est toujours d'une certaine manière «dans le vent» (quel vent? venant d'où?). Et il se trouve que par hasard (il n'y a jamais de hasard) un homme, une pensée, une œuvre vont donner corps et chair à ces aspirations vagues et à peine conscientes : c'est ce qu'on appellera l'œuvre originale, novatrice, initiatrice, la pensée révolutionnaire.

C'est de cette manière que Bertolt Brecht se trouve au tournant de la vie théâtrale, qu'il accomplit lui-même dans ses grandes œuvres, de *Mère Courage* à *Galilée* et à *L'Opéra de quat' sous*, et dans la masse (en milliers de pages) de ses écrits théoriques. Ils sont si longs, si lourds, si touffus et si emberlificotés qu'on a l'impression de n'y rien comprendre, et si lumineux qu'il en sort ces quelques idées-forces qui iront beaucoup plus loin certainement qu'il n'avait imaginé, et peut-être bien au-delà de ce qu'il aurait souhaité. Triste destin, pour celui qui souhaitait régénérer le théâtre, le rendre «épique» (c'était son mot), lui donner une place efficace dans la vie de la société et la construction d'un monde nouveau, d'avoir permis les innombrables fadaises et les élucubrations scandaleuses qui naîtront de ses soi-disant héritiers.

Malheureux Brecht : s'il voyait la pauvre Électre buvant au goulot de sa gourde en plastique jaune sur un chantier barré de ficelles rouges et blanches, Sénèque errer dans un dépôt d'ordures en faisant les poubelles, et la Fausse Suivante victime d'un viol collectif, sans doute pleurerait-il : « Je n'ai pas voulu cela », dirait-il. Mais que faire, quand on a écrit qu'il fallait changer le théâtre, que faire s'il change ?

Essayons tout de même de comprendre.

Jusqu'à lui, personne n'avait vraiment mis en doute le fameux paradoxe légué à l'art du théâtre par Diderot. On accordait, bien entendu, à la vanité des comédiens le droit de prétendre à l'autonomie de leur talent : comment passer sa vie sur la scène et ne pas s'enfler un peu, puisque le métier consiste à se faire croire quelqu'un et qu'on est applaudi à proportion qu'on y parvient ? Quand Sacha Guitry dit « moâ », ce n'est pas le *moi* d'un homme ordinaire. Le peintre peut bien tracer une frontière entre la finesse de son coup de pinceau et son génie : mais l'acteur ? Où est la limite entre le travail de sa voix et son *moi* ? Quand on entre et qu'on dit : «Bon appétit, Messieurs…», où s'arrête le métier ?

À cette réserve près, il était entendu que le talent de l'acteur était une alliance de travail, de technique, d'expérience, de dons naturels, de qualités vocales, et de génie. De Talma à Sarah Bernhardt, de Rachel à Mounet-Sully, de Frédérick Lemaître à Louis Jouvet, personne n'en avait jamais douté.

Jusqu'à Brecht, le *Paradoxe du comédien* ne se posait qu'en termes de technique théâtrale et de métier. La fonction de l'acteur, comme le but de l'œuvre théâtrale, n'avait pas changé : c'était toujours ce merveilleux mensonge par lequel on donne vie à des personnages imaginaires. Brecht lui-même résume la chose en quelques mots lumineux, avant de proférer sa condamnation à mort :

Le comédien occidental fait son possible pour rapprocher le spectateur du processus et du personnage à représenter. À cette fin, le

72

spectateur est amené à *s'identifier* (c'est Brecht qui souligne) au comédien qui met toute son énergie à se métamorphoser lui-même aussi intégralement que possible en un autre type humain, celui du rôle. La *métamorphose intégrale* est-elle réussie, le comédien a pour ainsi dire épuisé tout son art.

Cet art, qui donc ne va pas au-delà du mensonge réussi, comme aurait dit Thespis, c'est ce que Brecht appelle «le théâtre aristotélicien» et, plus rudement, ce que Roland Barthes nomme «le théâtre bourgeois». Et c'est celui qu'il faut abattre.

Pourquoi? Parce que le théâtre a dans l'esprit de Brecht une vocation pédagogique. Il doit obliger le spectateur à réfléchir. Il faut le contraindre à juger, à critiquer, à raisonner, à prendre conscience de sa propre situation historique, qui doit le mener, bien entendu, à faire la révolution. Or ce théâtre «bourgeois» et «aristotélicien» conduit irrésistiblement le spectateur à entrer dans le jeu du personnage, *via* l'acteur. Ainsi, plus il est bon, plus il est pervers.

Plus le spectateur admire et aime le personnage (et donc l'acteur, ou plutôt sans doute l'acteur, donc le personnage), plus il sympathise, s'enflamme, ou compatit et s'émeut, moins il est disponible en lui-même, pour réfléchir, penser et prendre la Bastille. Il est donc impératif de lui refuser le droit à l'identification et de lui interdire cette distance paradoxale que confère au personnage le temps historique, afin de lui conserver le pouvoir de juger l'action en fonction de sa propre situation historique.

La conséquence logique de cette théorie est une transformation absolue du métier de comédien. L'acteur ne doit plus seulement se détacher de son personnage pour des raisons techniques : il faut qu'il lui demeure extérieur, qu'il le regarde du dehors. Loin de dissimuler la césure entre son personnage et lui, il doit la montrer, l'accentuer, installer un espace, se regarder lui-même en train de jouer.

Voici la phrase clef de Bertolt Brecht :

Pour sa critique de la société et sa relation historique des transformations accomplies, un théâtre nouveau aura besoin, entre autres effets, de l'effet de distanciation.

Le grand mot est lâché : *Verfremdungeffekt*. Roland Barthes le commente avec une précision toute technique, mais parfaitement claire : «Brecht interdit aux acteurs de se mettre dans la peau de leurs personnages, il leur suggère de sous-entendre avant chaque réplique : "Je raconte au spectateur que le personnage que je représente a répondu…"»

Si l'on comprend bien, il s'agit d'utiliser le paradoxe du comédien pour briser le paradoxe du spectateur. L'acteur doit se distancier de son personnage, et montrer qu'il le fait, afin que celui qui le regarde ne s'identifie pas à lui mais reste conscient de sa propre situation historique, de son propre présent, et de l'impérieuse nécessité où il se trouve de bousculer la société et de faire la révolution.

La mignonne petite adolescente qui vient de dire «Le petit chat est mort» n'est pas et ne doit pas être cette Agnès du XVIIᵉ siècle que rabaisse et abêtit le vieux bourgeois tyrannique de ce temps-là, mais celle d'aujourd'hui, *hic et nunc*, qui doit prendre conscience de sa servitude et de son abêtissement à elle.

La pièce de théâtre ne vaut qu'au jour où on la joue.

* *
*

Bien entendu, c'est vrai. Le piège est pourtant là, exactement. C'est une trappe. Elle va s'ouvrir, béante, aussitôt que la nécessité d'accommoder le personnage, ses mots, ses pensées, ses gestes, son habit, au *hic et nunc* du spectateur vont faire oublier que l'œuvre et son auteur ont aussi un *hic et nunc*, qu'ils ont voulu dire quelque chose, et que cela dépasse, quand l'œuvre est grande, le présent de la représentation.

De la distanciation avec le personnage, on va passer à la distanciation avec l'œuvre. On pourra travestir, déguiser, ajuster. On pourra même couper. Ou ajouter. Ou inventer.

To be or not te be le Roi Lear, *that is* not *the question* : il va falloir que le Roi Lear corresponde de manière précise au message que l'on veut transmettre au spectateur. Brecht est précis en parlant de cette tragédie :

> Si vous jouez selon les règles nouvelles, en veillant à ce que les spectateurs ne s'identifient pas complètement au Roi Lear, vous pouvez la jouer presque tout entière, en vous contentant de quelques ajouts.

« Presque tout entière, en vous contentant de… » Nous allons voir ce que cela donne, sur un petit échantillon de sa propre main, avec *Roméo et Juliette*.

VII

Roméo et Juliette

Bertolt Brecht a pensé que *Roméo et Juliette* n'était pas vraiment achevé et que depuis quatre siècles on jouait et rejouait une œuvre incomplète, manquant de sens et de portée, et qui surtout ne correspondait pas à la mission pédagogique désormais indissociable de la représentation théâtrale. Il a donc rajouté deux scènes de son invention.

Que pouvait-il donc bien manquer à *Roméo et Juliette*? Réfléchissons un moment. Il est

bien vrai que, depuis quatre siècles, on a telle-
ment édulcoré, affadi, délavé, niaisé ou, au
contraire, surchargé cette tragédie que, pour
peu qu'on ne l'ait pas directement présente à la
mémoire, on puisse n'avoir qu'un arrière-goût
un peu douceâtre de sentiments mêlés, rata-
touille sentimentale de Paul et Juliette, Roméo
et Virginie, une cuillerée de Petite Fadette, une
pincée de Daphnis et un soupçon de miel
toutes fleurs (pauvre Gounod ! Quel malheur
de tomber sur Jules Barbier ! Malheureux
Bellini !).

* *
*

Mais non. C'est bien à Shakespeare que
pense Brecht, c'est à l'original de *Roméo et
Juliette* et non aux fadaises dont on l'a emmi-
touflé par la suite : et c'est à lui qu'il affirme
devoir impérativement ajouter deux scènes,
pour que l'œuvre ait enfin un sens.

Je vais vous raconter (très brièvement afin que
vous puissiez les oublier avec plus de facilité) les

deux épisodes auxquels Shakespeare avait eu la légèreté de ne point songer. L'un et l'autre se passent juste avant la scène du balcon, origine, modèle, image ineffaçable et pour ainsi dire quintessencielle de tout rêve amoureux au théâtre et dans la vie. Souvenez-vous : « *But soft! What light through yonder window breaks?* »

Dans la première de ces scènes additionnelles, on voit Roméo en rudes négociations avec un fermier, nommé Gobbo. Ils se disputent. Le ton monte et on comprend assez vite que Roméo est en train de lui soutirer de l'argent pour pouvoir séduire Juliette. Sacrebleu! Il fallait y penser! Il n'y a pas d'amour heureux : cela, on le savait; mais il n'y a pas d'amour pauvre, il n'y a pas d'amoureux sans le nerf de la guerre. Et d'une.

L'autre scène que nous devons à Bertolt Brecht n'est pas mauvaise non plus. Juliette va y paraître aussi antipathique, mesquine, égoïste et désagréable que Roméo a été méprisant et suffisant. Elle se dispute, elle aussi, avec sa servante, nommée Nérida. Que se passe-t-il donc? Eh bien voilà : après quelques gentillesses gracieuses, considérations tendres sur l'amour (le sien et celui de la servante pour un certain Thurio), Juliette lui fait la leçon et lui interdit de se rendre à son rendez-vous amoureux. C'est que, voyez-vous, il faut qu'elle puisse faire diversion pendant que Roméo grimpera au balcon. Et de deux...

Shakespeare, le malheureux, avait donc oublié deux choses : le fric et la tyrannie de classe. Quel nul !

C'est bien beau de nous montrer la jeunesse et l'amour mis à mort par les luttes familiales des Capulet et des Montaigu ! Mais, d'abord, ces gens-là, les uns comme les autres, sont des aristocrates : leurs disputes se font à l'intérieur de la même classe sociale ; elles sont donc sans intérêt. Mais il y a pire : d'une classe à l'autre, ils ont l'air de s'aimer... Le petit Balthazar, quand il parle à son maître Roméo, son patron, son exploiteur, a l'air de causer à son grand frère et ami. « *My good Lord!* » dit-il. C'est insensé ! Quant à Juliette, elle parle à sa nurse comme à une grand-mère chérie (« *Nay, come, I pray thee speak; good, good Nurse, speak...* »).

Misérable Shakespeare, inconscient ou, ce serait pire, trompeur, tricheur, qui voudrait nous faire croire, aussi niaisement que le fait Jules Barbier pour Gounod, que l'amour existe en soi, que les luttes sociales n'existent pas, que tout au long de cette tragédie les serviteurs, Balthazar, Peter, Gregory, Samson, et le page de Pâris qui n'est même pas digne d'avoir un nom, et la nourrice qui n'en a pas non plus – tous servent gentiment leurs gentils maîtres, et que les nobles Capulet se disputent avec les nobles Montaigu mais pas avec leurs subordonnés – et ne parlent pas d'argent, non, jamais.

Donc, Brecht rétablit en quelques tirades la réalité des choses. Il ajoute même quelque chose de plus étonnant, et de plus péremptoire. Il dit qu'aujourd'hui « le public n'est plus impatient de savoir si Juliette va revenir à Roméo, mais si le pouvoir va revenir au prolétariat » (*Écrits sur le théâtre*).

Et c'est ainsi que, pour des raisons qui peuvent, en elles-mêmes, être parfaitement justes (peut-être en effet le prolétariat attend-il de savoir si le pouvoir va lui revenir), on démolit une œuvre, et curieusement en la bêtifiant par l'autre bout que les pasticheurs sentimentaux. Car cela fait des siècles qu'au théâtre, dans les meilleures et dans les pires comédies, tragédies, bouffes, opéras-comiques, vaudevilles, on parle en effet d'argent, on manipule, on trame, on escroque, on triche, la *commedia dell'arte* ne parle que de cela, et *Les Fourberies de Scapin*, et *Le Joueur* de Regnard, et Dancourt, et cent autres, et l'on voit en effet les maîtres se disputer avec leurs serviteurs, les serviteurs être malins et les maîtres tyranniques. C'est vieux comme le monde et pas très original.

Mais s'il y a une œuvre, une seule, dans tout le théâtre immémorial, où il ne fallait pas voir cela, c'est *Roméo et Juliette*; ou plus précisément, où ces deux-là devaient n'être pas effleurés par l'ombre d'une de ces deux pensées : que pour conquérir Juliette, il faut des sous, et que quand on attend soi-même son amoureux, on peut priver une autre d'un moment d'amour.

Pourquoi n'est-ce pas possible dans cette œuvre-là, sous peine de la détruire ? Pas seulement pour préserver la pureté de ces deux petits cœurs, mais parce que dans cette œuvre qui est devenue, pour cette unique raison, une sorte de concentré de toutes les histoires d'amour de tous les temps, dans cette œuvre-là, seuls jouent la fatalité et le destin.

Ce sont eux, et eux seuls, les maîtres du jeu. Du «jeu», justement : et que dans *Le Joueur*, Dostoïevski fasse de l'argent et du jeu les complices du destin, à tel point qu'ils s'identifient avec lui, c'est le sujet même et le cœur de son roman. Que chez Marivaux, qui est moins léger qu'on ne l'a cru longtemps, le «jeu», encore lui, mais cette fois celui du hasard, distribue à sa fantaisie les comtesses et les Lisette, les Trivelin et les Dorante, que Goldoni mêle les Ripafratta et les Fabrizio, et Mozart les Basilio et les Figaro, et qu'ensuite, dans ce jeu du hasard, ils fassent débouler l'amour : c'est une chose. *Roméo et Juliette*, c'en est une autre.

Voici une œuvre, la seule peut-être dans toute la littérature, où il n'y a pas un millimètre de place, pas une scène, pas une réplique, pour mettre en cause la candeur, l'innocence juvénile et tendre de Roméo et de Juliette. On n'a même pas le droit d'imaginer qu'autre chose soit possible.

C'est pourquoi les deux scènes superfétatoires qu'a rajoutées Bertolt Brecht sont scandaleuses. Shakespeare les avait soigneusement évitées. Il pensait, ce naïf, que s'il y avait seulement un demi-penny en jeu, nous ne pourrions plus aimer Roméo, croire un seul des mots qu'il va prononcer, qui chantent encore dans notre mémoire et que nous redécouvrons chaque fois, comme une mélodie :

> *O speak again, bright angel, for thou art*
> *As glorious to this night, being o'er my head…*

Et Juliette! Malheureuse Juliette! Si son égoïsme de petite Capulet maison la rendait insensible à l'amour lorsqu'il s'agit de celui de sa servante, comment croirions-nous à la vérité de son cœur lorsqu'elle parlera pour elle-même avec ses petits mots juvéniles de bigoterie amoureuse?

> *Sin from my lips? O trespass sweetly urgerd!*
> *Give me my sin again…*

C'est sur ces deux cœurs-là que doit, avec le plus de bêtise possible, culbuter le destin : en prenant bien soin que Frère Laurent arrive une minute trop tard, que sa lettre à Roméo n'arrive jamais, que Juliette s'éveille quand Roméo vient de tomber – enfin tout, et que le Prince n'ait plus qu'à clamer : «*All are punished.*» (*All*, c'est nous tous…) «*For never was a story of more woe…*»

Paraphraser l'œuvre d'un autre, va-t-on me dire, tout le monde l'a fait! Molière l'a fait! Ce n'est pas lui qui a inventé Dom Juan : c'est Tirso di Molina… *Le Cid* n'est pas de Corneille! C'est de Lope de Vega! Et Shakespeare lui-même, dans *Roméo et Juliette* précisément, que fait-il? Il s'inspire de Sir Arthur Brooke, qui lui-même copiait Bandello, qui recopiait Luigi da Porto!

Tout cela est vrai. Je ne peux répondre qu'une banalité. Je la crois pourtant plus forte que tout ce qu'on pourra me dire d'original sur ce sujet.

Je crois aux chefs-d'œuvre, je l'avoue, je le confesse, j'en rougis tant c'est désuet, dépassé, obsolète et arriéré. Je crois aux chefs-d'œuvre et je crois que, même au théâtre, il ne faut pas y toucher.

Sir Arthur Brooke ? Bandello, Luigi da Porta ! Et combien d'autres ? Merci à eux qui nous ont, l'un après l'autre, transmis l'*Histoire des deux nobles amants*, qui devint celle de Mariotto et Ganozza, qui se métamorphosa en Louis et Martine, qui se réveilla en Montecchi et Capuleti, Roméo et Juliette pour la première fois, puis Rhoméo et Juliet, Montagew et Capilet. Quelle belle généalogie ! Que d'ancêtres ! Mais qui pense à eux ? Qui les lit ? Qui les joue ?

Un thème, un sujet, un héros peuvent vivre vingt vies dans vingt œuvres avant d'exister. Celle qui compte, c'est celle qui lui donne sa vraie stature ; et c'est celle-là que j'appelle chef-d'œuvre. Il n'y en a jamais qu'une seule par sujet, par thème et par héros. La seule exception étant Molière/Mozart : deux chefs-d'œuvre pour Don Juan.

Je nomme chef-d'œuvre la tragédie, la comédie, le roman, l'opéra, qui non seulement donnent à un personnage ses traits définitifs, mais l'inscrivent dans notre mémoire comme un référent. Toute fille un peu jolie qui porte après quatre siècles le prénom de Juliette provoque une association d'idées, qu'on le veuille ou non ; tout garçon visiblement trop amoureux en provoque une autre : on a envie de lui donner un surnom, Roméo. Rien de ces petites arrière-pensées automatiques n'est dû à Brooke, ni à Bandello, mais à Shakespeare.

Voilà. Sans nous perdre dans la forêt, nous avons rencontré l'un après l'autre le dédoublement de l'acteur, puis celui du spectateur, avant de déboucher sur l'œuvre, une et indivisible. Suivez-vous le chemin ? Devinez où il mène… Patience : la musique va venir compliquer les choses.

VIII

Le paradoxe de l'auditeur

Vous aimez la musique.

Certes. Mais vous êtes-vous jamais demandé ce qui en vous-même se passe lorsque vous écoutez celle que vous aimez par-dessus tout, les airs qui ont le don de vous toucher, de vous émouvoir, ceux que vous réécoutez avec toujours plus de plaisir ? On s'interroge sur ce sujet depuis des siècles, tant c'est étrange.

Platon était terriblement méfiant : sans doute justement parce que la musique atteint la beauté à laquelle il aspirait par d'autres voies que celles de la pensée pure, ce qu'il appelait les *Idées*. Le Moyen Âge a au contraire rempli ses cathédrales de chants : il a même inventé la polyphonie, convaincu que plus on chantait, mieux on communiquait avec Dieu. Plus tard, les Humanistes de la Renaissance ont voulu réconcilier Platon, leur philosophe chéri, avec la musique, certains qu'elle était le chemin qui mène à la perfection de la pensée. Plus tard encore, les calvinistes, les jansénistes, les puritains sont redevenus soupçonneux, se méfiant de l'émotion.

On a tout dit sur la musique, et le contraire : mais tout se résume à un seul fait, que personne n'a jamais contesté.

En écoutant cet air que vous aimez, et plus encore si vous le savez par cœur, votre plaisir vous vient, sans que vous vous en ayez clairement conscience, de ce que vous modelez sur lui, à mesure qu'il se déroule, le décours de votre temps intérieur : car rien n'échappe au temps, et la musique n'est rien d'autre que l'art de donner une forme sonore au temps qui passe. Votre pensée n'est jamais qu'une certaine forme donnée au temps qui coule en vous. Qu'une voix soit en train de filer «*ch'io mi scordi di te*», et la musique, pendant ces six minutes, dérobe votre temps. Elle vous le confisque. Ce n'est plus vous qui pensez : c'est Mozart, c'est la chanteuse. Votre temps intérieur, le temps de votre conscience prend, seconde après seconde, pendant six minutes, la forme du chant. Votre rythme n'est plus le vôtre, mais le sien. Vous respirez à mesure que vous construisez en vous-même une fluctuation qui est le reflet, le miroir de la musique.

Et réciproquement (c'est encore plus étrange…), puisqu'une musique sans auditeur n'a pas d'existence, la musique n'existe en vous qu'autant que vous cessez d'être vous-même pour vous modeler sur elle. Comprenez si vous pouvez.

Jean-Paul Sartre a dit tout cela, bien mieux que moi, aux dernières pages de *L'Imaginaire*, ces quatre admirables pages où il parle de la *Septième Symphonie* pour conclure son grand livre. La musique est le plus intérieur des arts en ce qu'elle suscite en nous cette «conscience imaginante», comme il dit, qui se construit en nous à mesure qu'elle se déroule à côté de nous, se transforme en ce que nous sommes et donne forme à notre *moi* à mesure qu'elle se déroule.

* *
*

Ainsi, la musique dédouble, ou redouble, le paradoxe du spectateur. Celui qui, au théâtre, en regardant et en écoutant une scène de tragédie, s'identifiait au personnage comme faisait la princesse Galitzine, se trouve contraint par la musique d'intérioriser le chant, et de se dépouiller lui-même pour n'être plus que ce qu'elle veut qu'il soit.

IX

Le paradoxe du metteur en scène

Mais alors, que va-t-on pouvoir faire à l'opéra, si la musique est vraiment cette sorcière qui confisque à celui qui l'écoute son droit à la «distance»? Par sa nature même, elle entre en contradiction absolue avec tout ce que l'on répète à satiété, depuis que Bertolt Brecht a écrit le mot *Verfremdung*. Comment faire du théâtre «distancié» si la musique, par nature, interdit la «distanciation» et oblige le spectateur à confondre sa vie intérieure avec elle? Comment mettre en scène une matière (si tant est que la musique possède une *matière*!) dont la nature même repose sur la fusion, la symbiose, l'oubli momentané de ce qu'on est, pour coïncider avec une phrase de Mozart, se faire elle, se couler en elle et dérouler avec elle le temps qui est le nôtre et s'abandonner à son *tempo*?

C'est impossible. À l'opéra, la musique est la patronne. C'est elle qui commande. On le sait depuis qu'on a, vers 1600, inventé cette forme de spectacle hybride, dont on a cru un moment qu'il pourrait être une alliance équitable, équilibrée, de la parole et de la musique. On s'est presque aussitôt aperçu que les dés étaient pipés. À chaque carrefour de l'histoire de la musique, des réformateurs ont tenté de rétablir la balance – Gluck, Wagner, Debussy… –, en vain : la musique reste l'unique donneur d'ordre.

À l'opéra, toutes les contraintes se renforcent pour rendre impossible la «distance». L'auditeur ne le peut pas, la musique l'interdit. Le chanteur le peut-il?

La Traviata, tuberculeuse, les poumons percés, exténuée, meurt en chantant (*Ah! gran Dio!*

Morir si giovine…). Dites-le-moi : comment fait-on pour mourir en chantant, « distanciée » ? À l'opéra, la chanteuse, le chanteur sont-ils « dans » leur personnage ou comme le voudrait Bertolt Brecht, « derrière » ? Comment fait-on pour chanter « à l'extérieur » du personnage ? Ce n'est pas moi qui pose la question : c'est Giorgio Strehler ; et il conclut : « On ne peut pas. »

On ne peut pas, pour mille raisons : et la première, c'est évidemment le chant. Déjà la musique est contraignante, puisque c'est elle qui impose le *tempo*, coordonne la succession des *affections*, comme on disait déjà au XVIIᵉ siècle, et ne laisse pas au metteur en scène le moindre interstice pour improviser ce qu'il veut.

Savez-vous, entre autres signes, l'un de ceux auxquels on reconnaît un bon chef d'orchestre ? Cela non plus, je ne l'invente pas : ce sont des chanteurs qui me l'ont dit. Le grand chef, ce n'est pas seulement celui qui tient en mains son orchestre : c'est celui qui respire avec les chanteurs. Ils me parlaient de cette fugitive sensation de sécurité à l'instant où eux, sur la scène, durant un dixième de seconde, devenaient vulnérables, à la merci du souffle court, de la pression de la gorge et des muscles. Car c'est cela, un chanteur. Celui qui accapare toute notre émotion est le serviteur de l'air qui traverse sa gorge, quand le compositeur veut bien et où il veut.

Alors, le metteur en scène? Quand le chanteur peut-il tourner la tête, lever les bras, bouger, marcher, se tenir sur une jambe, respirer, se retourner? Au théâtre, le *tempo* de l'acteur, ses poses, ses arrêts, ses changements de registre, d'intensité, le metteur en scène est libre de les imposer. Faut-il respirer, faut-il attendre, et combien de dixièmes de secondes, entre

Oui, Madame, il est vrai

et ce qui vient ensuite :

Je pleure, je soupire,

et que faut-il avant ces mots que Racine a placés volontairement au vers suivant, pour casser le rythme :

Je frémis

Et que fait-on avant la suite? Est-ce qu'on lie? Est-ce qu'on coupe?

Mais enfin, quand j'acceptai l'empire…

Au théâtre, le metteur en scène, l'acteur qu'il dirige, sont libres. À eux de choisir. Mais à l'opéra? Il n'y a plus un millimètre de liberté pour changer de *tempo*, accélérer, ralentir, mais partout l'obligation de penser que le chanteur doit respirer, à tel endroit précis, que deux mille auditeurs-spectateurs le ressentent dans leurs propres poumons, que toute la salle, sans en avoir conscience, respire en même temps.

Et je ne parle pas des autres parties du corps d'un chanteur : ses jambes, ses bras, son ventre, sa gorge, sa tête…

Si je vous racontais ce que certains m'ont dit (j'ai parlé avec tant de chanteurs, après les concerts, après les spectacles…), les souffrances que leur imposait un metteur en scène ignorant ce que c'est que chanter : «Je ne peux plus…

J'ai des crampes…» Et les chanteuses qui pleuraient à la fin des répétitions… J'ai trop d'histoires tristes sur le cœur. Passons.

Mais lorsqu'il s'agit, non du chanteur, mais du spectateur, qui est d'abord un auditeur, non seulement la «distanciation» est impossible, mais elle est *contre nature*. C'est aussi vain que de prétendre s'abriter de la pluie avec des passoires. Que peut l'auditeur pour se distancier de la pulsation de la chevauchée des Walkyries? De la tendresse de «*Porgi amor*»? Du bonheur léger d'«*una voce poco fa*»? Que peut-il contre la mélancolie de Mélisande? Rien. On ne peut rien, et le metteur en scène moins que personne.

Les metteurs en scène sont entrés à l'opéra (il n'y a pas très longtemps, cinquante, soixante ans…) venant du théâtre. Ils ne le connaissaient guère et ont cru qu'ils le manœuvreraient selon leur propre métier et leur propre pensée. Quelques-uns ont ronchonné, mécontents de leur manque d'autonomie. Ils ont fait des coupures (un air est toujours trop long…), ont déplacé des airs ou des chœurs, rogné sur les récitatifs. D'autres se sont fâchés : une œuvre qui est un tout en elle-même, qui dicte le *tempo* et impose l'émotion, il faut la faire éclater.

Tous les problèmes de la mise en scène d'opéra, tels que l'imaginent les gens de théâtre, découlent de cette contradiction interne, à laquelle ils ne s'attendaient pas et qu'ils n'ont toujours pas acceptée : le chanteur *ne peut pas* « se distancier » de la musique comme peut le faire un acteur. Mais il y a plus grave : l'auditeur-spectateur ne le peut pas davantage : à moins qu'il ne l'écoute pas vraiment, qu'on parvienne à le distraire, et qu'on l'empêche de faire naître en lui ce que veut, ce qu'exige la musique.

C'est la seule ruse efficace que les metteurs en scène aient conçue pour « faire de l'opéra » tout en restant fidèles à la loi de la *Verfremdung* infra-brechtienne qui sévit depuis que Brecht est mort et que ses sous-fifres ont pris la relève. Puisque à l'opéra la musique commande et que ce qui ne se fait pas avec elle se fait contre elle, qu'à cela ne tienne. On va faire contre.

Il y a bien des manières possibles de mettre en scène l'opéra *contre* la musique : des graves, des sérieuses, des provocatrices, des ordurières, des ironiques, des réductrices. L'essentiel est de retenir le principe qui, lui, est simple comme une réplique de Beaumarchais : déviez, déviez, il en restera toujours quelque chose. Le moyen le plus efficace est d'attirer l'attention du spectateur sur quelque chose que ne dit pas, que ne suggère pas la musique ; et de le faire avec suffisamment de force pour que l'auditeur (je veux dire cette part du spectateur qui par nature se projette dans la musique) soit contraint lui aussi par la distraction d'établir avec elle cette distance indispensable.

Je vais vous donner deux exemples de cette méthode, aussi efficace l'un que l'autre, bien que de nature et de fonctionnement diamétralement opposés.

X

Le Couronnement de Poppée

Je vais donc tenter de vous montrer les deux manières opposées de *contredire la musique*, puisque c'est la seule méthode qui reste aux metteurs en scène pour garder un minimum de liberté quand ils travaillent sur l'opéra. Je choisis pour chacun un exemple précis – parmi cent autres possibles. Pardonnez-moi de les prendre l'un et l'autre dans le répertoire baroque. J'aurais pu le faire chez Wagner et vous montrer comment on peut contredire *Siegfried*, ou chez

Debussy. On parle mieux de ce qu'on connaît le mieux : je choisis donc Monteverdi.

* *
*

Le Couronnement de Poppée est le premier véritable opéra. Sa scène finale est le premier véritable duo d'amour, dans les formes, si je peux dire, de toute l'histoire de la musique, et Dieu sait s'il y en aura, en quatre siècles ! Des bons, des mauvais, des flasques, des mièvres, des émouvants, des rigolards, des romantiques, des gaillards, des frivoles, des pesants, à l'eau de rose, larmoyants ou pathétiques.

Mais celui-ci est le premier : car lorsque je dis «duo d'amour», je ne parle pas, bien entendu, d'un dialogue d'amoureux (comme il y en a au premier acte), mais bien de cette forme particulière, née de l'amour, qui fait s'enlacer deux voix, et leur fait tisser ensemble leur chant amoureux. Ce finale du *Couronnement* est le premier de l'histoire, et il n'est pas dit que ce ne soit pas le plus beau.

Vous écoutez Néron et Poppée. Tacite a dit beaucoup de mal d'eux, Suétone aussi et il semble bien que tout ce qu'ils ont raconté soit vrai. Poppée, nous dit Tacite, «avait absolument tout pour elle, si ce n'est une âme honnête». Néron était un minable, jouisseur, cruel et lâche. Oubliez cela. Oubliez même que Busenello, le librettiste, vient de nous montrer Néron, quelques scènes plus tôt, s'arsouillant de la manière la plus tristement veule avec son copain Lucano, parce qu'enfin il était débarrassé de ce sermonneur, moralisateur et empêcheur de jouir en rond qu'était le vieux Sénèque (*Hor che Seneca è morto, cantiam di quella bocca…*). Vous avez entendu leurs roulades avinées : oubliez-les.

À peine Néron et Poppée ont-ils ouvert la bouche pour leur duo d'amour, voici que la musique efface tout de ce que nous savions d'eux. Cela fait partie de son pouvoir, et de cette nature temporelle dont j'ai parlé : *n'est vrai que ce que dit la musique, à l'instant où elle le dit*. C'est sans doute la raison pour laquelle les philosophes et les théologiens se sont toujours méfiés d'elle. Néron et Poppée ne sont plus que ce que la musique fait d'eux dans l'instant présent, tout entier tendu lui-même vers l'instant qui vient. Par le miracle de la musique, durant les quatre minutes que dure leur duo (quatre minutes !) plus rien ne va pouvoir exister que le tissage voluptueux des sons, le tricotage des deux voix jumelles, le maillage que leurs phrases font l'une avec l'autre, se tressant, s'enroulant l'une à l'autre. Pas un mouvement de cette musique qui ne coïncide de manière miraculeuse avec ce que vous, auditeur, pressentez, attendez et désirez : puisque cette musique, justement, peint le désir.

Autrefois, avant que ceux qu'on appelle «les baroqueux» ne vous y accoutument, vous auriez peut-être été étonné par la voix de Néron. C'était en 1643 celle d'un castrat. Son rôle est donc interprété aujourd'hui par une voix de femme, dans le même registre que celle de Poppée. Vous ne vous étonnez plus que les voix de cette femme et de cet homme soient exactement jumelles. Encore faut-il comprendre. Pourquoi ce duo, ce mariage, ce couple – disons le mot : cet accouplement – de deux voix égales? Parce que l'art baroque est en musique le moins «vériste», le moins «réaliste» qui soit, le moins «naturaliste» qu'on puisse imaginer. La fonction de cet art, à proportion qu'il est baroque, consiste à susciter en vous, auditeur, spectateur, une perpétuelle sensation d'émerveillement et de miracle. Une *aria*, ce n'est pas fait pour raconter, mais pour vous émouvoir et vous éblouir en même temps. Néron amoureux doit vous transporter par l'effet de sa voix. Par conséquent il n'est même pas imaginable (à Venise en 1643) qu'il ait une rude voix de ténor comme aura Othello, ou de baryton comme Guillaume Tell. Il est castrat parce que, dans cette logique baroque, il faut qu'un amant exhale une musique exquise, éthérée, immatérielle, irréelle. Ténor, il serait vulgaire et méprisable.

Si j'insiste sur ce point, c'est que nous sommes dans une problématique exactement semblable à celle que j'ai évoquée en posant la question : «Pourquoi des rois?» J'ai dit que la royauté d'Agamemnon, de Titus, de Bérénice, était une métaphore chargée de transcrire dans l'imaginaire une distance. La voix de castrat poursuit le même but, exactement : détacher le personnage, l'éloigner du réel, l'encercler dans l'irréel – et par conséquent contraindre l'auditeur à se «distancier» *en lui-même*, à creuser en lui-même cet espace de délivrance du réel, et à s'envoler dans son imaginaire pour communier avec la voix de cet amant aussi peu «vériste» que possible.

Mais surtout, cela permet à la voix de l'amant de se marier avec la voix de l'amante. Voix jumelles, elles vont pouvoir ainsi s'enrouler ensemble dans les mêmes volutes; voici Poppée, avec sa voix désormais si proche par le registre comme par le timbre, mais encore plus caressante, et qui va nous faire un instant soupçonner que les arabesques à deux voix, c'est elle, Poppée, qui les dessine – et que Néron ne fait que s'y plier.

Pur ti miro… pur ti godo…
Pur ti stringo… pur t'annodo…
O mia vita… O mio tesoro

Les mots peuvent paraître mièvres. Cela n'a pas vraiment d'importance. L'opéra est justement en train de découvrir que les mots n'ont plus besoin d'être autre chose que des supports efficaces pour les notes. Non pas abstraites, leurs syllabes, Dieu sait que non! Il les faut sonores, rythmées, balancées. Il faut que le moins de syllabes possible dise le plus de choses et les fasse sonner. Le sens, réduit au minimum; il n'est presque plus que le prétexte, et la musique, seule ou à peu près, fait le reste. Elle le fait avec sa propre nature musicale, c'est-à-dire qu'elle ne peint pas, ne dessine pas, ne donne pas de corps, ni de substance, ni de matière à ce qu'elle dit; elle a seulement pour fonction de faire surgir en vous son équivalent, physiquement mais sans matière : son *analogon*, disait Sartre.

Or ce que la musique fait naître en vous, sans gestes et sans matière, lorsque vous écoutez cet incroyable duo de Néron et de Poppée, ce sont exactement *des caresses*. Ils se les donnent avec leur voix et vous les ressentez, vous, spectateur. Non plus deux êtres, Néron et Poppée, mais deux voix et rien d'autre.

Leurs jeux d'esquive, leurs croisements, leurs réponses, frôlements, ripostes, contrepointes. Cette longue vocalise, elle dit ce qu'elle dit :

Pur ti stringo
    (je t'attache, je te noue, je m'enroule autour de toi)
pur t'annodo
    (je t'enserre, je te ficelle)

Maintenant, les deux voix reprennent leurs répliques alternées, puis s'enchaînent. Elles s'accouplent sur une dissonance si voluptueuse qu'on frissonne, par contagion. Puis cela recommence : les voix, à nouveau jumelles, se frôlent. Elles glissent et s'échappent, s'écartent, se rapprochent, se répondent, comme si le dialogue, qu'elles prolongent et recommencent avec une sorte de délectation (quel bonheur que la reprise !), devait nous faire indéfiniment attendre et désirer leur enlacement lascif sur l'ultime dissonance, et leur union, enfin, dans l'unisson sublime.

Quelle musique !

Le plus étonnant duo «d'amoureuse langueur» : pesez les mots des vieux poèmes...

* *
*

Et maintenant que vous avez retrouvé tout cela dans votre mémoire et dans votre cœur, rouvrez les yeux que vous aviez fermés pour mieux entendre, Ami lecteur. Songez que vous êtes au spectacle, que vous devez voir ce que vous écoutez et qu'un metteur en scène a la charge d'installer dans l'espace ce que dit la musique.

Car tel est le théâtre.

Cramponnez-vous aux bras de votre fauteuil, ou recroquevillez-vous contre le dossier.

Vous êtes prêt?

* *
*

Néron est là, vêtu d'un pantalon et d'une veste brillante, un foulard autour du cou.

Poppée, non pas drapée, mais enserrée dans une longue tunique blanche, aussi pimpante qu'un pansement sur un rhumatisme. Comment a-t-elle pu faire pour dire à Néron, à l'acte premier :

Di questo seno aurei i pomi ?

ce qui signifie qu'elle lui demandait comment il trouvait «les pommes d'or de ses seins». Rassurez-vous, on n'en voit rien ; le costumier a tout caché, guindé, arasé, dans une tunique raide et plate où l'on ne peut deviner la moindre pomme.

Néron et Poppée se promènent sur la scène, de long en large, mais pas ensemble. Ils ont les bras au corps, raides comme des gardes du palais de Buckingham et, comme eux, ils marchent au pas. Lui, côté cour, va vers jardin. Elle, côté jardin, va à la cour. Au milieu, ils se croisent, à distance respectable, sans jamais, je dis jamais, se jeter un regard (pendant qu'ils chantent *«pur ti miro»*, je te contemple…), ni se toucher (*«pur ti stringo»*, je t'enserre…), ni même s'effleurer («*pur t'annodo*», je t'enchaîne…), alors que chaque note, chaque courbe de la musique, chaque accord, chaque dissonance et chaque résolution de la dissonance a pour unique but et fonction d'insinuer dans notre âme ce que c'est qu'un effleurement, une caresse, un frôlement, un désir et le désir du désir…

Pas de doute, ils sont frigides…

* * *
*

Le metteur en scène a donc décidé que rien de ce que la musique transcrit et exprime avec une sensuelle précision ne devait être vu ou même suggéré, et que les chanteurs sur scène devaient faire avec leur corps le contraire de ce qu'ils faisaient avec leur voix. Une sorte de jansénisme ou de puritanisme du spectacle pour la plus émotionnellement baroque des musiques. C'était un choix, une volonté.

Vous allez me dire, et nous en serons d'accord, que cette rigidité glaciale nous épargne ce que tel autre metteur en scène a choisi, Néron culbutant Poppée sur des coussins qui par bonheur se trouvaient là, et nous montrant avec rudesse ce que justement la musique ne veut pas qu'on montre : pas l'acte, seulement le désir.

Mais la volonté minimaliste et janséniste du metteur en scène s'étendait sur toute l'œuvre. Quelques scènes auparavant, Poppée apparaissait déjà, alors que la musique la faisait ruisseler de beauté et de sensualité ; déjà elle faisait les cent pas, toute seule.

Il y avait pourtant là sa nourrice, Arnalta, qui faisait à l'autre bout sa broderie ; assise au pied d'une énorme grotte en forme de bouche d'enfer, comme on en voit dans les jardins Boboli, ou dans les parcs des châteaux de Bohême : c'était saisissant de justesse – Poppée retrouvant sa nounou, la voici qui remonte le temps mythique, avant qu'elle ne soit femme, avant qu'elle ne soit fille, avant qu'elle ne soit née.

Et c'est vrai : Monteverdi a écrit pour cette scène la berceuse absolue, celle qui transcende tous les rêves, à trois temps (le cœur bat à trois temps, le saviez-vous ? pas à deux. Le battement originel est à trois temps). Monteverdi, soudain, avec sa simplicité ordinaire (trois notes qui chutent) nous montrait Poppée somnolente, et l'on se disait : voilà, c'est parfait, tout est là, la grotte, la musique, la nounou. Eh bien, non : on entendait le chant de Poppée se défaire pour devenir sommeil, elle se couchait dans la grotte et la nounou continuait à broder à cinq mètres d'elle, sans un regard : l'absolue solitude dans la situation emblématique qui la nie.

Le metteur en scène *ne voulait pas* nous montrer ce que la musique exigeait que nous puissions voir.

XI

Orphée et Eurydice

Il me faut maintenant tenter de décrire l'une des mises en scène qui ont fait monter en moi l'une de mes plus fortes colères. Je l'ai cachée, je vous la dévoile. Si je le fais dans ces pages, ce n'est pas pour le plaisir malsain de me la remémorer, ni pour celui, plus pervers, de vous inciter à imaginer des sottises, mais parce que le spectacle possédait dans chaque détail une valeur démonstrative.

C'était – comment dire? – une profession d'anti-foi.

Il n'était pas plus agressif que beaucoup d'autres. On n'y voyait pas de sang ni d'ordures. Les méchants des Enfers ne s'offraient pas un viol collectif d'Eurydice après l'avoir récupérée, ce qu'après tout ils auraient pu faire. La volonté de dérision se portait sur la musique; précisément sur elle, alors même qu'elle était admirablement chantée, et que la chanteuse nous aurait bouleversés avec sa voix, s'il n'y avait pas eu tout ce qu'on lui faisait faire et surtout qui se passait autour d'elle.

C'était l'*Orphée* de Gluck.

Au début, rien à signaler, à part peut-être la chaise, seul meuble sur un plateau vide. Je peux dire que je l'ai vite reconnue; il y avait la même à Aix, à Berlin, à Stuttgart, à Bayreuth. Ma mauvaise humeur m'a fait soupçonner un instant que les metteurs en scène voulaient faire des économies en se refilant la même unique chaise (tubes de métal vert et contreplaqué, dont on ne veut plus dans les salles d'attente des hôpitaux). Orphée s'asseyait dessus.

Au fond, le chœur immobile, en habit à queue de pie, les dames coiffées en arrière pour ne pas se distinguer des messieurs.

Orphée chantait.

Objet de mon amour…

Rien à signaler.

C'est alors qu'entrait le clown dont je vous ai déjà parlé : tout de noir vêtu, chapeau pointu, la balle rouge au bout du nez, ses sourcils circonflexes, avec sa grotesque culotte en forme de triangle. Il portait une poupée. Ceux qui connaissent la partition pouvaient deviner que ce clown était l'Amour. Il annonçait à Orphée, sa poupée en main, qu'il allait pouvoir retrouver Eurydice, à condition (et il faisait, sur les indications du metteur en scène, un petit geste de l'index : «Attention, mon petit, ne fais pas de bêtise, sois sage…») de ne pas la regarder.

Dieu! Je la reverrais!

chantait Orphée en caressant la poupée.

La tragédie était nouée : mais seulement dans la musique que vous saviez par cœur, puisque tout, la chaise, le clown, la poupée avait pour fonction de démontrer preuve à l'appui qu'il n'y avait pas de tragédie. Tous ceux qui croyaient en entrant dans le théâtre que l'histoire d'Orphée est tragique, tous se trompaient.

En effet, le chœur entrait à nouveau. Mais cette fois, c'était saisissant, à cause de la métaphore. Une métaphore, vous savez ce que c'est. C'est très apprécié en poésie. Je ne savais pas que cela existait au théâtre.

Vous avez toujours pensé que l'Enfer, c'est les autres. Vous vous trompiez. L'Enfer, c'est la cuisine. C'est pourquoi le *Chœur des Esprits infernaux* prévu par Gluck entrait – tous costumés en cuisiniers, avec grande toque trois étoiles Michelin, chemise à fines rayures rouges, large tablier taché de sang et de graisse, la louche ou le hachoir à la main.

> Quel est l'audacieux
> Qui dans ces sombres lieux
> Ose porter ses pas ?

Les cuisiniers s'affairaient, couraient à la cour et au jardin, transportaient des chaises, et Orphée, se tournant vers le public avec son admirable voix de contralto, chantait cet air que Gluck a voulu l'instant absolu du désespoir :

Laissez-vous toucher par mes larmes...

Les cuistots répondaient en chœur :

Non! Non!

Orphée répliquait :

Spectres! larves!

(et il avait raison : n'est-ce pas l'horreur absolue de la cuisine, avec les cafards, les asticots et les cloportes!).

Tout a un sens, à l'opéra : il suffit de savoir lequel.

Je m'arrêterais bien là. Je suis fatigué à la seule idée de vous raconter la suite : mais il le faut, car c'est seulement un peu plus tard qu'est apparu le *vrai sens* de cette mise en scène de l'*Orphée* de Gluck (version française, orchestré par Berlioz, soit dit en passant).

Sont alors apparus des musiciens en habit portant leurs instruments : des violons, des flûtes, des clarinettes et même des trompettes. Ils se sont assis sur les chaises installées par les cuisiniers, en bon ordre, comme un vrai orchestre au-dessus de l'autre qui jouait pour de bon ; et tandis que celui-ci, avec toute la suavité possible, commençait à nous donner la douce, onctueuse, éthérée, impalpable musique du *Ballet des ombres heureuses* prévu par Gluck, le faux orchestre se mit à parodier, de la manière la plus grotesquement emphatique, les attitudes, les mouvements d'un vrai orchestre qui joue vraiment. Les yeux au ciel, les bouches animées de petits sourires extatiques, les violonistes faisaient de grands mouvements ronds avec leurs bras et leurs archets, se lançaient des petits regards satisfaits, penchaient la tête d'un air inspiré, contemplaient le ciel, comme des Madame Verdurin quand le jeune pianiste joue la sonate de Vinteuil, tandis que l'autre orchestre, le vrai, jouait dans la fosse cette musique que Gluck a voulue, au dire de Lionel de La Laurencie, «un instant d'éternité».

Mais ce n'était pas encore assez que de caricaturer cette fausse musique à deux mètres du vrai orchestre qui jouait la vraie. Il fallait aller un peu plus loin dans la dérision.

Cela commença dès les premières notes du solo de flûte que vous savez par cœur, je pense : celui dont Berlioz, en transcrivant la partition, disait : «Quel poète!» Alors, le faux orchestre commença, sous nos yeux, à s'assoupir. Les violonistes posaient leur tête sur l'épaule du voisin, bâillaient, fermaient les yeux, laissaient tomber le bras qui tenait l'archet. Ils roupillaient. Après la cuisine, le dortoir.

Arrêtons-nous, et mesurons les choses. Le metteur en scène confiait à ses figurants la mission de nous faire savoir que, non seulement la musique de Gluck est assommante, mais qu'elle est, au sens propre, endormante. Il n'avait installé sur la scène ce double de l'orchestre que pour nous transmettre ce message essentiel : ceux qui jouent s'emmerdent; cette musique est somnifère.

Regardons bien les choses comme elles sont. Le message du metteur en scène n'arrive pas n'importe comment ni n'importe quand. Ce n'est pas seulement la musique de Gluck qui est visée, c'est la musique en soi.

Cette scène parodique prenait place au moment exact où le compositeur avait dessein de nous transmettre, après beaucoup d'autres, le message d'Orphée ; au moment où le personnage mythique était, sous nos yeux, en train d'accomplir le miracle de la musique et de nous démontrer son pouvoir magique.

Quelle est cette histoire d'Orphée, telle que Gluck l'avait comprise, et avant lui Monteverdi, Luigi Rossi, et après eux Haydn, Benda, Fomine, Berlioz, Liszt, Darius Milhaud, Stravinsky, Wolf, Hindemith, Pierre Schaeffer et tant d'autres ? (On a recensé deux cent cinquante-neuf œuvres musicales sur le mythe d'Orphée : un record.)

Ce mythe est l'un des plus anciens et l'un des plus grands de l'histoire des hommes. Il est plus fort, il a plus de sens que toute la mythologie grecque ; et ce sont les Grecs qui lui ont donné sa première forme : mais il est bien plus ancien qu'eux. Ce n'est pas pour rien qu'Orphée vient de la Thrace. Ce peuple, nous disent les ethnologues, est originaire d'Asie centrale : c'est bien pourquoi Orphée est un chaman, un de ces hommes qui ont le pouvoir de communiquer avec l'autre monde, et en particulier avec celui des morts. Eurydice ne verra le jour que des siècles plus tard : elle est la figure personnelle de l'être qu'on va chercher là-bas, de l'autre côté du mystère.

C'est par la musique, le sortilège, la magie de la musique, qu'Orphée dévoile les mystères. C'est par les sons qu'il produit sur sa lyre qu'il apprivoise les bêtes sauvages (c'est-à-dire la nature sans culture); qu'il fait pleurer les rochers (c'est-à-dire la nature sans émotion); et qu'il se fait obéir de l'esprit des morts (c'est-à-dire ceux contre qui l'homme ne peut rien). La musique, c'est lui. Il est le premier homme qui, par amour pour Eurydice, va se risquer dans le monde non humain, au-delà de la mort, et en triompher par la musique.

C'est ce que tous les musiciens, au cours des

siècles, ont voulu dire en racontant l'histoire d'Orphée. Gluck n'a d'autre but, dans cette œuvre, que de nous révéler une fois de plus le mystère de toute musique et de nous émouvoir au plus profond à l'instant où Orphée pénètre dans le monde mystérieux et, au sens propre, impénétrable, sauf par elle.

Et c'est à cet instant que le metteur en scène qui se voulait peut-être drôle et qui ne l'est pas, désacralise comme il peut l'œuvre qu'il a (ne l'oublions pas) fonction de nous montrer et fait piquer un roupillon aux fantoches déguisés en musiciens.

Il ajoute d'ailleurs une touche, pour être sûr que nous comprenions : pendant que le vrai orchestre joue la *Scène des Champs Élysées*, Orphée arpente la scène en caressant un chat en peluche, puis un ourson, puis encore je ne sais quoi, avant qu'un gros ours blanc ne paraisse sur la scène. Il n'était pas certain, sans doute, de nous avoir convaincus que tout cela n'est qu'un conte.

* *
*

Les musiciens du faux orchestre sont sortis; entre le chœur. Les chanteurs portent maintenant de longues tuniques verdâtres (tous pareils, pas d'hommes, pas de femmes, mais certains avec des lunettes) et, sur la tête, chacun une énorme couronne de fleurs. Pas de doute : la parodie continue et cette fois en nous restituant l'image la plus ridicule possible, « l'imitation d'antique » que l'on peut voir sur les vieilles photographies des figurants de théâtre, du temps de Sarah Bernhardt, de Mounet-Sully et de la Melba.

On passe ici au second degré de l'art de brocarder. Le chœur était tout à l'heure en queue de pie (l'uniforme, vous l'aviez deviné, de ce que Barthes aurait appelé l'ère « bourgeoise ») et on monte d'un cran en caricaturant ce qu'il pouvait avoir, en effet, de ridicule vers 1900. L'émotion gluckiste est contrainte de s'identifier avec la décadence pompiériste du costume de théâtre démodé.

Alors s'ouvrait le rideau du fond de scène et on découvrait Eurydice faisant la sieste sur un canapé. Orphée chantait :

Cet asile aimable et tranquille
Par le bonheur est habité...

Je vais brûler un peu les étapes, car ce spectacle devient aussi fatiguant à raconter qu'à voir, et que ma colère croît à mesure que les détails me reviennent.

Eurydice ne comprend rien. Orphée tourne d'autour d'elle sans la regarder, puisque c'est défendu, et ils se disputent comme des chiffonniers, ou plus exactement comme les personnages d'une comédie de Labiche, ou bien, tenez, comme dans l'*Orphée aux Enfers* d'Offenbach, auquel le metteur en scène pense certainement.

Orphée regarde Eurydice pour la consoler et patatras! Elle s'effondre. Alors il chante :

J'ai perdu mon Eurydice...

Gluck a ici prévu le retour de l'Amour. On s'attend à voir un clown. Pas du tout : c'est un musicien en habit, qui tend une partition et chante :

Tout se termine le mieux du monde, sans qu'on puisse comprendre ni comment ni pourquoi.

Mais ce n'est pas fini. Gluck avait prévu ici, pour les Parisiens, un petit ballet. Le voici dansé (avec d'ailleurs une technique éblouissante) dans une manière de *commedia dell'arte*, où toute l'histoire est reprise sur le mode comique, pour que nous soyons bien convaincus que ce conte est définitivement grotesque et dérisoire, et que nous sommes, nous, des imbéciles si nous avions eu l'intention de le prendre au sérieux.

*   *
*

Pourquoi me suis-je attardé sur ce spectacle niais ?

J'aurais pu le décrire en cinq lignes. Peut-être l'aurais-je dû. Ironiser sur de l'ironie fade et lourde, c'est courir le danger d'y tomber aussi.

J'ai cru pourtant qu'il serait intéressant de poser côte à côte et de déficeler cet *Orphée* de Gluck et ce *Couronnement de Poppée* de Monteverdi : à eux deux, ils montrent les deux manières exactement opposées de mettre en scène *contre* la musique. Ces deux spectacles sont construits l'un et l'autre sur un principe unique, qui leur est commun, qui se retrouve à peu près dans tout ce que nous propose aujourd'hui l'opéra.

Que voyait-on dans *Le Couronnement*? Une Poppée interdite d'émotion. Cette mise en scène grave et sérieuse dégageait une sorte de jansénisme pudibond, raidissant et guindant l'œuvre la plus somptueusement sensuelle du XVIIe siècle musical. Interdiction aux chanteurs de manifester quoi que ce soit de ce que la musique avait la charge de transmettre. Interdiction à Poppée de suggérer le désir pendant qu'elle chante le désir. Interdiction à la Nourrice de montrer la tendresse pendant qu'elle chante sa berceuse. Interdiction au Valetto de toucher à la Damigella quand il lui chante : «Mords-moi! Mords-moi!»

C'était, mais au premier degré de l'obéissance quasi mécanique, l'application du premier précepte du code de la mise en scène post-brechtienne, et infra-barthesque, aussi péremptoire que ce qu'on appelait autrefois au catéchisme les *commandements* de l'Église.

Commandement n° 1 :
La redondance tu éviteras
Parole et gestes se doublant

La redondance, cela peut s'appeler aussi tautologie, pléonasme, superfétation et même éventuellement paronomase. C'est le péché mortel. Roland Barthes n'a jamais pardonné à Maria Casarès d'y succomber, de doubler *le sens* par l'intonation, l'expression, le geste. Elle jouait Phèdre avec une insupportable (notez les mots de Barthes, c'est si beau…) «hypertrophie de la signification parcellaire». Et la malheureuse réduisait ainsi d'autant la nécessaire *Verfremdung* entre le signifiant et le signifié. Pauvre Casarès! Comme nous avions tort de l'aimer, elle qui commettait un péché mortel par vers de Racine, et peut-être un par hémistiche…

Ainsi, le metteur en scène glaçait Néron et Poppée, leur interdisait de croiser leurs regards et refusait à la Nourrice de Poppée le droit de la bercer dans ses bras quand elle s'endormait, par peur du pléonasme, qui consiste à montrer ce que la musique dit.

Mais qu'on y songe : dans l'*Orphée* de Gluck, il ne s'agissait pas d'autre chose. Ici, il fallait seulement dissimuler l'émotion derrière sa parodie burlesque. Dédramatiser la terrible entrée d'Orphée dans les Enfers par leur travestissement en cuisine. Faire s'endormir un orchestre pendant qu'on jouait l'un des plus touchants solos de flûte, réputé tel et classé pour tel, ce qui est peut-être la tare la plus lourde pour un morceau de musique. Dégrader l'angoisse d'Eurydice devant le silence d'Orphée et faire du fatal regard une étourderie.

Entre ces deux mises en scène, la puritaine et la bouffonne, il y a, bien entendu, un immense espace. À la première on cherche malgré soi des excuses : comme si elle résultait d'une erreur d'appréciation, et non d'une volonté. La seconde attriste. Mais j'insiste. L'une et l'autre, chacune à sa manière, dérivent d'un même principe qui, apparemment, règne sur le théâtre : mieux vaut trahir que coller au texte.

Ta mise en scène concocteras,
sans être à l'œuvre obéissant :
Commandement n° 2.

Mais d'ailleurs l'œuvre, est-ce que cela existe ? Je cite : « Un moyen sûr de conforter la cohérence de cette "autre pensée" c'est d'en finir, non seulement avec l'idée de chef-d'œuvre, mais aussi avec celle d'œuvre tout court » (Jean Galard, *Qu'est-ce qu'un chef-d'œuvre ?*).

XII

Le paradoxe du musicien

Avez-vous senti, Ami lecteur, la remontée de ma colère, à mesure que je tentais de vous décrire les mauvais spectacles, cet *Orphée* scandaleux de niaiserie ? Je la dissimulais encore un peu, avec des traces d'humour jaune. Mais elle était bien là, elle progressait au fil des épisodes, proportionnellement aux efforts du metteur en scène pour déphaser, déconnecter, contrarier, en obéissant au Commandement n° 3 :

Ta mise en scène décaleras
Contredisant expressément

suivi du Commandement n° 4 :

Du sérieux tu rigoleras
De peur d'être pontifiant

Vous avez bien compris que les dix Commandements de la mise en scène orthodoxe sont incontournables, sous peine d'hérésie, sacrilège, laps, relaps et excommunion.

Il y a mille raisons de s'étonner, dans cette affaire : mais celle qui frappe plus particulièrement c'est, outre l'indigence et la mollesse, la tyrannie morale. Cette pensée flasque mais obligatoire est à peine différente de celle qui, en 1564, conduisit des cardinaux (par ailleurs peut-être pas sots) à faire peindre des bouts d'étoffe et des *braghetoni* pour cacher ce qu'on ne devait pas voir des damnés et des élus que Michel-Ange avait peints tout à fait tout nus à la chapelle Sixtine. Ces *monsignori* obéissaient à la convention. Ils subissaient le correct obligatoire.

Mais le correct obligatoire, cela existe toujours : on le lit de gauche à droite ou de droite à gauche, comme on veut. L'innovation sur ordre, la nouveauté de commande, la distanciation obligée, le décalage forcé, le contresens par contrainte de corps, la dérision par force, ce ne sont jamais que les copies inversées du conformisme.

C'est bien pourquoi je me suis contenté de vous décrire deux mises en scène, mais qui sont elles-mêmes dérivées d'une unique obligation : déphaser, décaler. Il y a cent manières de le faire, des sérieuses, des provocatrices, des ordurières, des ironiques : l'essentiel est qu'elles répondent au principe.

Le plus efficace est de faire dans le sordide. Par exemple vous rappeler que Ptolémée se pique et meurt d'une overdose. Que les choristes n'ont d'autre nécessité que de pousser des caddies. Que Donna Anna, quand Don Giovanni l'a quittée, peut paraître à la fenêtre de l'hôtel de passe et mettre sa petite culotte à sécher, pendant qu'il engueule Leporello. Il y a, vous disais-je, mille manières de *dévier* la musique, auprès desquelles le nez rouge de l'Amour transformé en clown et les cuisiniers d'Enfer ne sont que des jeux d'enfants bien innocents.

Oublions tout cela : sauf qu'*oublier* est le mot juste, puisque ces déviations n'ont précisément d'autre fonction que de *faire oublier* à l'auditeur ce que dit la musique : et le moyen le plus simple pour y parvenir, c'est de détourner son attention, de la dévier, autrement dit de le distraire.

Taisez-vous, ma colère. Encore un moment.

* *
*

Car il y a quelque chose d'incompréhensible dans cette affaire : ce sont les chemins inversés, du théâtre et de la musique, durant les mêmes cinquante ou soixante ans.

Souvenez-vous. Quelle musique écoutait-on, au temps où Louis Jouvet nous jouait *Tartuffe* ? Au temps où Cocteau jouait *Barberine* et Dullin *Le Marchand de Venise* ? Il n'y avait pas encore d'Harnoncourt, pas de Leonhardt, pour ce qu'on n'appelait pas encore la musique «baroque»; ni de Boulez, ni de Giulini, ni d'Abbado. La transformation de la musique depuis soixante ans s'est faite dans le sens de la précision, de la justesse et du respect, dans le temps exact où le théâtre s'orientait vers ce qu'il appelle sa liberté. La manière de jouer la musique et la manière de la représenter sur la scène n'ont cessé de s'éloigner l'une de l'autre; plus encore : de se mépriser.

Jamais on n'a été aussi attentif, soigneux et même sourcilleux quant à l'interprétation musicale, aussi pointilleux pour l'exécution d'une œuvre selon les propres obligations de son style, les impératifs de son temps, que depuis qu'on a l'obligation de les contredire dans la mise en scène.

On a cru pendant des générations (disons : tout le XIXᵉ siècle) qu'il convenait d'interpréter la musique en fonction de la sensibilité des auditeurs au moment où on la jouait, et par conséquent de l'adapter à leur «goût», comme on disait, aux «habitudes d'écoute», comme nous disons. Peut-être vous souvenez-vous des élucubrations dues à Leopold Stokowski, l'adaptation poussée jusqu'à l'absurde.

Ce n'est plus vrai. Nous avons, depuis soixante ans, appris qu'une œuvre musicale exige que l'on tienne compte, non pas de l'air du temps de l'auditeur, mais de l'air du temps du compositeur : ce qu'on pensait, ce qu'on aimait, ce qu'on désirait, au temps où l'œuvre a été faite. Jamais, autant que de nos jours, on n'a été aussi soucieux de donner à l'exécution actuelle d'une œuvre musicale la justesse de son, de ton, d'intonation et de phrasé, qui puisse la faire ressembler à ce qu'elle était à sa naissance.

On a pour cela ressuscité les clavecins, morts depuis des siècles, on a reconstruit des violes de gambe, muettes, on a recourbé les archets, redressé l'angle des manches de violon, ôté les pistons des trompettes, retransformé les trombones en saqueboutes, repercé les flûtes et surtout on a réappris à chanter, reprenant à l'envers le chemin qu'on avait soigneusement tracé pour aller vers Rossini, Verdi et Wagner : et il ne s'agissait pas de singer les techniques, mais de rendre à la musique sa justesse, non seulement de sonorité, mais d'intention et de signification.

Un musicien, à quelque époque qu'il appartienne, s'est toujours considéré comme le serviteur de la partition. C'est plus vrai aujourd'hui que cela ne l'a jamais été. C'est étrange : la musique jouée et chantée comme elle l'était en 1950 (les enregistrements sont là…), quelle que soit la qualité et le génie des interprètes, paraît démodée ; c'est vrai de toutes les musiques, mais plus encore de la musique ancienne. Lorsque vous écoutez les interprétations grandioses, parfois sublimes (la *Passion selon saint Mathieu* sous la baguette de Klemperer ; la *Messe en si* dirigée par Hermann Scherchen…), cette musique stupéfiante de force nous semble venir d'une autre planète. On avait oublié : ces *tempi* incroyablement lents, cette pâte sonore épaisse, opaque. On se sent tout à coup vieilli, à la simple pensée qu'on s'est autrefois abreuvé de cette musique étrange, et désormais étrangère. Et je ne parle pas, bien sûr, des orchestrations symphoniques de la *Water Music* élaborées par Sir Thomas Beecham, des concertos de Vivaldi dégoulinants et des Didon-Castafiore mourant noyées dans des océans de sirop…

Mais l'étonnant n'est pas que cette musique ait changé, c'est qu'elle l'ait fait par un retour méticuleux à ses sources. Elle s'est reconstruite dans la rigueur. Trois générations de chercheurs nous ont appris à revenir en arrière : à modeler les sons, à tirer l'archet, à lancer sa voix, à lier les notes, à orner les lignes «comme on faisait», et c'est cette musique qui semble jeune, neuve, juste, généreuse, vigoureuse, éloquente et émouvante. Comme si la fidélité aux règles du passé était le secret de sa modernité.

Et nous voici au cœur du paradoxe. Comment se fait-il qu'au milieu du XXe siècle ces deux mouvements contradictoires se soient mis en route de manière exactement simultanée ?

Le Couronnement de Poppée dirigé par Karajan est aujourd'hui inaudible précisément dans la mesure où il s'est voulu adapté au public alors moderne. Et le metteur en scène qui met aujourd'hui sur le théâtre *Le Couronnement de Poppée* veut, prétend, affirme, clame qu'il est dans l'obligation de l'adapter au public moderne.

Mais il y a plus étonnant encore. Le mouvement qui inspire les musiciens – et qui a commencé par s'attacher à la musique ancienne – fait aujourd'hui tache d'huile.

Non seulement les orchestres que l'on appelle «modernes», ceux qui jouent Wagner et Debussy, n'osent plus prendre le risque de jouer Bach. Les voilà dépouillés par une révolution stylistique. Mais déjà Haydn leur échappe, et Mozart, et Beethoven. Ils étaient du domaine public : on est en train de les en chasser. On est en train de leur voler Schubert et Brahms, et Bruckner, au nom de la justesse et dans le même temps, sur les mêmes œuvres, le spectacle fait exactement l'inverse et s'éloigne avec mépris de ce qu'il appelle «l'authenticité».

* *
*

Vous êtes spectateur, vous avez même payé votre place. Vous vous réjouissez de voir l'*Orphée* de Gluck, que vous aimez. L'orchestre est entré. Il s'accorde, minutieusement, car il faut jouer juste. Le chef entre à son tour, et vous l'applaudissez aussi. Vous connaissez l'œuvre par cœur. Vous savez qu'il en existe trois versions, l'une orchestrée par Berlioz et jouée en 1859; l'autre en français, jouée à Paris pour les beaux yeux de Marie-Antoinette et les larmes de mademoiselle de Lespinasse en 1774, et la plus ancienne, qui est en italien (Orphée ne dit pas «J'ai perdu mon Eurydice», mais «*Che farò senza Euridice*»), qui date de 1762. Chacune est différente, dans tous les détails de l'écriture, de l'orchestration, de l'organisation d'ensemble et surtout dans le chant. Il va falloir choisir. Selon qu'on aura décidé, il faudra jouer autrement, chanter autrement. Tous les musiciens savent cela, les chanteurs aussi. On ne chante pas «*Chiamo – Cerco – Piango mio ben così*», comme «Objet de mon amour – Accablé de tristesse – Plein de trouble et d'espoir»…

Les musiciens ont longuement répété. Pour le fameux solo de flûte, cette pièce rare, unique dans le répertoire, que tout le monde attend, que va-t-on faire? Choisira-t-on une flûte d'aujourd'hui, en argent, avec quantité de clefs, qui joue juste mais tout égal, et qui ne permet pas de faire sur chaque note ces petites inflexions qu'on peut faire sur les vieilles flûtes d'autrefois? Choisira-t-on une flûte à cinq clefs du temps de Berlioz? Une flûte à une clef, ou sans clef du tout, comme au temps de Gluck? Comment va-t-on faire sonner les cordes sous cette flûte-ci, ou cette flûte-là? Comme au temps de Berlioz en 1859 (l'année de *Tristan*), ou comme au temps de Gluck, dix ans après la mort de Rameau? Comment chante-t-on? Comme un castrat? Un contralto? Un ténor? Comme Pauline Viardot à qui Berlioz a justement dédié sa version de l'œuvre de Gluck? Comme le ténor Legros qui chanta à Paris la version française pour Marie-Antoinette? Ou comme le castrat Guadagni, qui avait créé l'œuvre à Vienne douze ans plus tôt en italien pour Marie-Thérèse? Comment jouait-on de la harpe en 1774 (c'était la première fois qu'on entendait cet instrument dans un orchestre)?

Chaque décision met en cause les choix précédents et implique les suivants. Les musiciens sont les serviteurs de la partition.

Ce qui est étonnant, lorsqu'on regarde un musicien au travail, penché sur son pupitre, son instrument à la main, c'est son humilité. L'œuvre est là, devant lui. Chaque page, chaque ligne, ne cesse de lui poser mille petits problèmes tout à fait concrets, précis, terre-à-terre, prosaïques, dont chacun doit être étudié à part, résolu, et la solution manifestée ensuite par la gorge, le souffle, les doigts. L'œuvre dans sa totalité, dans son mouvement d'ensemble, dans sa signification, est la résultante de cette suite de solutions partielles. La vision d'ensemble, l'ampleur de la conception viennent de la somme des réponses de détail avec, lorsque chacun de ces microscopiques choix a été juste, et seulement dans ce cas, le miracle final : le résultat est supérieur à la somme des parties.

Et voici le metteur en scène qui paraît.

La peste soit de ces myopes qui regardent les notes et comptent les doubles croches ! L'Enfer, c'est la cuisine parce que je le veux ! L'Amour est un clown parce que tel est mon bon plaisir ! Orphée n'est qu'un sot ! Eurydice, une greluche! Gluck, un vieux ringard! L'orchestre roupille, parce que c'est comme ça.

Que faites-vous, flûtiste? Vous jouez? La chanteuse, vous chantez? Le chef, vous dirigez? Mais que dirigez-vous? Le persiflage de votre propre orchestre? Le metteur en scène qui vous ridiculise, vous? Votre propre mise en boîte? La satire de votre travail? Celle des musiciens qui suivent votre baguette? La contestation de la musique de Gluck? La contestation de la musique tout court? Votre droit à l'aimer, vous, le chef?

Vous, le chef, vous, les musiciens, que faites-vous? Vous roupillez? Le metteur en scène se moque de vous : allez-vous réagir? Vous lever dans la fosse? Pousser un coup de gueule?

Je vais vous en raconter une bien bonne, et vraie par-dessus le marché. Je connais un chef (peut-être le seul à avoir osé…) qui a un jour posé sa baguette sur son pupitre au milieu d'une répétition, est monté dans le bureau du directeur et lui a dit : «Je ne supporte pas la manière indigne dont on travestit la musique que je dirige. J'arrête…»

La surprise a été telle qu'après convocation du directeur adjoint, de l'administrateur, du directeur technique, du responsable financier, on l'a laissé partir, tel quel, sans même rompre son contrat. Il me disait, en souriant à l'évocation de la panique générale :

«Je voulais seulement sauver mon honneur ("mon honneur", disait-il…), et ils m'ont laissé partir avec mon cachet. En fait, c'est eux qui avaient la trouille…

— Et alors? ai-je dit.

— Ils ont changé le chef. À cinq jours de la première, que pouvaient-ils faire? Mais c'est lui que je plains…»

Je connais un autre chef (sans doute seul aussi de son espèce…) qui a fait lui-même la mise en scène. Il faisait travailler le chant à Fiordiligi et à Dorabella, et dans la foulée réglait avec elles leurs expressions, leurs déplacements, leurs gestes. Ils élaboraient ensemble et du même coup l'expression de chaque phase musicale, son déroulement et son espace. Il paraît que les chanteuses respiraient à l'aise.

Il m'a dit (car, j'insiste, c'est lui qui me l'a

raconté, à moi. Ah! j'en connais des histoires!) qu'il était très fatigué, mais si heureux de constater qu'enfin, sur un théâtre, tout le monde était d'accord.

Et je me demande si, en effet, le seul ordonnateur valable pour un spectacle, ce n'est pas lui, le chef d'orchestre : le seul qui soit habilité à faire vivre dans l'espace la musique qu'il dirige dans le temps.

Bien entendu, je rêve.

Les musiciens, et donc le chef, ont dans l'esprit une musique sans matière ni substance, qui se situe par définition hors de l'espace et libérée de ses contraintes. En apparence, il est le plus mal placé pour l'ancrer au milieu des objets et des murs, pour compter les pas et mesurer les gestes. Son métier consiste à projeter la musique dans l'air : pas de la guinder dans des choses et dans des corps.

Et pourtant, les choses et les corps doivent lui obéir, à lui et à lui seul.

Le metteur en scène n'est qu'un serviteur, qui devrait être humble, soumis, maniable, «habitable», comme disait Louis Jouvet. Ou comme disait Menuhin en parlant de Furtwängler : «*He was not there. The music was there. He was just conducting…*»

Rêvons donc à l'unité presque hors d'atteinte d'un spectacle qui serait tout entier l'œuvre de celui qui en est le centre, le chef d'orchestre, lui-même humble et soumis à ce qui a seul existence : l'œuvre.

Je rêve… C'est juste pour me donner une petite récréation entre deux bouffées de colère.

XIII

Le double paradoxe du costumier et du machiniste

Pardonnez-moi, Ami lecteur. Je n'ai pas compris votre question. Vous me parliez de costumes?

J'avais l'esprit ailleurs, à cause de ma colère, que je sentais monter. Vous n'ignorez pas que cet effort monopolise une si grande part de votre raison que, pour ne pas étouffer, il vous faut un moment cesser de penser, de parler, et même d'écouter. Excusez-moi.

Puisque vous me le demandez, nous allons parler de costumes de théâtre et vous constaterez, non sans surprise, que le problème qu'ils posent est toujours le même. Il s'agit, une fois encore, de cette fameuse «distance», mais cette fois par l'autre bout.

Nous avons tout vu, et même le reste. Des T-shirts, des knickers, des jeans, des maxi, des mini, des turbans, des raglans, des rastas, des impers (beaucoup), des pagnes, des slips, des nuisettes, des bustiers, des culottes roses, et des riens du tout.

La question n'est pas là. Elle est (pardonnez-moi, je rabâche, je ressasse, mais ce n'est pas moi qui le veux…) dans la «distance». Que veut-on faire? Que veut-on dire? Pourquoi? La réponse est si pauvre qu'on peine à la prendre au sérieux : pour diminuer, comme le voulait Brecht (le malheureux), la distance avec le spectateur, et pour gommer celle du temps de l'œuvre et du compositeur. Vous l'aviez compris. Merci, lecteur, et encore pardon.

Puisque les metteurs en scène n'ont pas, semble-t-il, réfléchi et que les chefs d'orchestre s'en sont laissé conter, essayons de penser à leur place, bien calmement.

Ce n'est pas le complet-veston de Don Giovanni qui nous gêne, ni les costumes gandins avec cravate des bergers d'Arcadie, ni Jules César ou Hercule en treillis et revolver, ni Didon en minijupe. Pourtant le costume a toujours un sens, parce qu'il est toujours daté : ce n'est pas de refuser de mettre Pompée en toge romaine ou Alexandre en fraise à la Henri IV qui change quoi que ce soit, puisque les habiller en jean et T-shirt les date aussi. Une œuvre, quelle qu'elle soit, peinte, sculptée ou jouée sur un théâtre, a toujours trois dates. Elle participe toujours à trois moments de l'Histoire et plonge dans le temps de trois manières : il y a le temps où un homme la pense, l'écrit, la compose ; il y a le temps où se passe ce qu'il raconte ; et il y a le temps où on le voit, où on le joue et où on l'aime. Homère n'était pas le contemporain d'Ulysse, mais Ulysse est le contemporain d'Homère. Ulysse n'est pas un gentilhomme de la cour de Mantoue, mais il est le contemporain de Monteverdi. Ulysse n'est pas notre contemporain, mais il vit avec nous.

Quel costume choisissez-vous pour Ulysse ? Chacun de vos choix le plaque et l'emprisonne dans un mode de pensée et un système d'associations.

Mettez-le en chlamyde et chaussez-le de cothurnes, avec une petite couronne de lauriers sur la tête, comme un vrai Grec : alors il détonne avec ce que Monteverdi lui fait chanter ; vous ne pouvez pas croire qu'il puisse dire : « *Fu ben felice il giorno, mio ben, che pria ti vidi.* »

Mettez-le en T-shirt avec un jean : comment arrivera-t-il à vous faire croire qu'il sort des bras de Circé, une magicienne, qu'il est passé chez Éole, le roi des vents, et qu'il lui a fallu s'attacher au mât de sa barcasse pour échapper aux sirènes ? Il colle à l'ordinaire de vos jours : comment parviendrait-il à établir avec vous, spectateur, la *distance* sans laquelle vous ne pouvez pas croire à l'existence de Calypso, des Lestringons, ni à ses matelots métamorphosés en cochons ? Ulysse n'est pas de ce monde.

Allez-vous (c'est la seule solution, en apparence, qui vous reste) lui mettre une fraise autour du cou, une barbiche en pointe, des manches ballonnées avec des crevés, des chausses et des brodequins, comme en portait Monteverdi lui-même, et que revêtaient, pensez-vous, ses chanteurs, à Venise, au théâtre San Cassiano? Vous l'éloignez dans le temps : mais vous l'arrimez à un *autre réel*; vous vous abandonnez à un autre réalisme, dont je ne suis pas sûr qu'il soit plus juste que les précédents, et encore moins qu'il soit efficace. Alors, que faut-il faire? C'est tout simple : écoutez Ulysse, tout simplement. Les premiers mots qu'il prononce, à la minute où il paraît sur la scène, vous disent avec une précision surprenante, ce qu'il faut faire : «*Dormo ancora, o son desto?*» (Est-ce que je dors encore, ou suis-je éveillé?) Est-ce que je rêve? Où suis-je? Est-ce Ithaque? Ou mon rêve d'Ithaque?

La *distance*, la voilà : *Verfremdung*, distanciation, distancement... la seule qui soit; la seule qui compte, c'est celle qui, à l'opéra, vous permet à vous, spectateur, d'installer, *en vous*, l'espace du rêve, comme dit Ulysse. C'est la seule justification de l'œuvre lyrique.

Tout metteur en scène, tout costumier, machiniste, chorégraphe, scénographe qui empêche le public de construire en lui-même cette distance-là, celle du rêve, est un malfaiteur.

* *
*

Vous allez me dire (je vous entends déjà…) que les costumes de théâtre au XVIIe siècle étaient des costumes du XVIIe siècle.

Permettez-moi de vous répondre, Ami lecteur, et de vous affirmer que vous faites erreur. Avez-vous regardé des scènes de théâtre, des costumes, des décors, sur les gravures et les tableaux ? Ni les chanteurs de Monteverdi, ni ceux de Rameau ou de Haendel, ni Farinelli, ni Le Sage, pas plus d'ailleurs que mademoiselle de Brie, la Duparc, la Rochois ne portaient les costumes de leur temps, pas plus que grecs ou turcs : ils étaient déjà *distanciés*. Ce dont ils se revêtaient, c'étaient des costumes faits pour rêver, comme les décors, comme les machines, les nuages, les apparitions, la mer en furie, les dieux de l'Olympe et les nymphes en train de danser ; comme le chant, qui n'est pas la parole, mais un *discours distancié*. C'est la seule raison d'être de l'opéra, et c'est pour cela qu'on l'a inventé.

* *
*

Tous les grands chefs-d'œuvre de notre théâtre et de notre opéra, qu'ils soient de Shakespeare, de Monteverdi, de Mozart, de Debussy, de Wagner, de Lope de Vega, de Racine, tous sans exception ont une source archétypale. Ils sont dans le temps et hors du temps. À la fois de leur temps, du nôtre, et du temps intemporel de la légende. Le Roi Lear, comme Pelléas, comme Tamino, comme Siegfried, a ses attaches hors du temps.

Aucun metteur en scène n'a le droit de les couper de ces racines de légende, en les fixant et en les enchaînant dans un décor et en les revêtant d'un costume qui les date. Le jean est aussi tyrannique que la redingote et que le haut-de-chausses. Enfermer Tristan dans notre quotidienneté ne le libère pas ; et le revêtir d'une cotte de mailles ou d'un habit, pas davantage : c'est nous interdire toute possibilité de recul.

* *
*

C'est bien la raison pour laquelle ce qu'on nomme la «reconstitution», ou «l'authenticité historique», que ce soit celle des costumes d'époque et des falbalas baroques, des décors peints, de la prononciation «à l'ancienne» du latin ou du «vieux françouais», ne sont pas davantage par eux-mêmes des conditions suffisantes que l'expressionnisme moderniste. Claquemurer un personnage d'opéra dans l'époque historique où l'œuvre a été composée, c'est une autre manière de l'interdire de *distance*. Libéré du jean, le voilà guindé dans son justau-corps : non pas ses bras, ses jambes et son dos, mais votre imaginaire à vous, spectateur.

On revient donc à la question, la seule question, toujours la même : *pourquoi* ?

Pourquoi, dans un opéra de Luigi Rossi, la belle déesse Vénus descendait-elle, entourée des trois Grâces et des petits amours, sur un nuage de carton dessiné par Torelli ? Le metteur en scène, le décorateur, les machinistes, doivent-ils aujourd'hui se donner le mal de reconstruire «à l'identique» les nuages longuement et techniquement décrits en 1638 (deux ans avant *Le Retour d'Ulysse* – simple coïncidence...) par Nicola Sabbattini ? Chapitre 43 : «Comment faire qu'un nuage descende droit du ciel sur le plancher de la scène avec des personnes dedans.» Chapitre 46 : «Comment faire descendre un petit nuage qui, à mesure qu'il descend, devient toujours plus grand.» Chapitre 49 : «Comment faire un nuage qui se divise en trois parties et, en remontant, se fonde derechef en une.»

D'abord, cette machine n'était belle (et même probablement fascinante) qu'éclairée par des chandelles. Nos projecteurs, nos savantes lumières tuent le carton-pâte. On n'y peut rien. Alors, faut-il des chandelles sur nos théâtres ?

Comme on voudra, à condition qu'on ait posé, une fois de plus, la seule bonne question : *pourquoi*? Pourquoi l'apparition de Vénus dans un nuage en carton descendant des cintres dans la lumière douce des chandelles?

La seule réponse est : pour donner la sensation d'un miracle. C'est ce que voulaient le compositeur, le librettiste, le machiniste, et les chanteuses suspendues dans les airs et chantant : « *Scendiam, scendiam…* » C'est ce que désiraient les spectateurs, et c'est ce que nous racontent tous les narrateurs et commentateurs émerveillés.

Mais les techniques d'aujourd'hui ne disposent-elles pas de cent moyens de nous émerveiller, de nous envoûter, de nous donner la sensation de voir un miracle se produire sous nos yeux? Aucune époque n'a eu sur la scène un tel pouvoir de fasciner ceux qui regardent et qui écoutent.

Mais voilà : Vénus apparaît en minijupe et contredit la musique qu'elle a pour fonction de nous faire aimer. Le metteur en scène a-t-il des droits que l'on refuse au chef d'orchestre? Pourquoi aurait-il celui de contredire ce que dit la musique, dans le seul but de se *distancer*, lui, de ce qu'ont fait avant lui ses collègues ?

De quel droit se permet-il de faire grimper Orphée sur une chaise en paille à côté d'Apollon, pour ridiculiser son envol (*saliam cantando al cielo*) et faire que nous, spectateurs, n'ayons plus celui d'adhérer à ce que Monteverdi, Haendel, Purcell, Verdi, Wagner ou Debussy nous disent ?

On nous dit (on vous dit, à vous, chef d'orchestre, à vous, musiciens) que la musique et le spectacle doivent se rapprocher du public d'aujourd'hui, qu'il faut se débarrasser du théâtre «bourgeois», qu'il est urgent de l'insérer dans «une culture pour tous».

On vous berne. On vous trompe. On vous ment. L'opéra en jean et bikini est aussi élitiste que le vieil opéra en costume d'époque. On lui a ôté ses colifichets, on essaie de le faire ressembler à une série TV. On vous affirme que c'est dans un double but : faire une création originale, et rapprocher l'œuvre du public.

De la création, j'ai dit ce que j'en pense : on fait dans l'uniforme. Toutes les salles d'hôpital, tous les fonds de scène avec échelles, toutes les plages de sable, toutes les caravanes, tous les détritus se ressemblent.

Mais le second prétexte est une imposture supplémentaire. Car il n'y a plus que les spectateurs «avertis» (ceux qu'on appelle de ce mot), ceux qui connaissent l'œuvre avant le début de la représentation, ceux qui savent le livret par cœur, qui soient capables de comprendre ce qui se passe, de quoi on parle, ce que l'on veut nous faire ressentir, où, quoi, quand, comment, ce que cela veut dire et pourquoi on doit l'aimer.

La Flûte enchantée sur des architectures de matelas gonflables, qu'est-ce que c'est, à votre avis ? Il est vrai qu'on va vous affirmer que des architectures de matelas gonflables, ce sont des œuvres d'art. Passons. Mais qui est Tamino et qui est Pamina, l'un et l'autre guindés dans leurs casaques d'astronautes de foire ? Et Pagageno et Papagena ? Qui va nous expliquer ce que fait Monostatos ? Qui est ce chanteur en habit et cheveux longs dont rien ne peut faire comprendre que c'est un grand prêtre (un grand prêtre, est-ce que ça existe ?) ? Qui sont ces dames dont on irise les seins et le sexe avec de petites lumières phosphorescentes et qu'on fait grimacer? Qu'est-ce que ces trois garçons qui jouent avec leurs télécommandes? Qui est cette femme au long manteau brillant qui lance ses contre-*fa* sans qu'on sache pourquoi? Quel rapport avec des matelas gonflables? Qu'est-ce que cela veut dire? Qui peut, s'il n'a pas le livret dans la tête, entrevoir que cette œuvre a un sens?

Ce n'est plus qu'une suite de morceaux de musique, privés de signification et dont chaque note contredit ce qu'on voit.

Il n'est certes pas indispensable de déchiffrer *La Flûte enchantée* comme un manuel d'initiation à la franc-maçonnerie, comme l'a fait, scène après scène, Jacques Chailley. Peut-être n'est-il pas plus nécessaire de connaître tous les sous-entendus mythologiques de *Rodelinda*, ou toutes les légendes germaniques pour apprécier *Lohengrin* et *Tannhäuser*.

Ce qui l'est, c'est que chaque auditeur-spectateur puisse suivre la progression mystérieuse qui seule donne un sens au déroulement de *La Flûte enchantée*, même si à la dernière note de l'ouverture il ne sait rien encore de ce qu'il va voir et entendre. En faire un tissu pointilliste de chants juxtaposés, casser par une mise en scène qui ne permet de comprendre qu'aux initiés, aux cultivés, aux habitués, à ceux que Brecht ou Barthes appelleraient des «bourgeois», c'est de l'élitisme déguisé en modernisme.

Bertolt Brecht! Au secours! C'est vous qu'ils trahissent.

XIV

La colère de Jupiter

Pourquoi suis-je à ce point en colère?

Je vais vous le dire. Mais auparavant, permettez-moi de vous signaler que je ne suis pas le seul : le Ciel, parfois, se fâche aussi. Quand une mise en scène du *Couronnement de Poppée* est si stérile, pauvre ou, plus exactement, animée de la volonté évidente d'*appauvrir* la musique, oui, il arrive que Jupiter se mette en colère. Et ce soir-là, vous souvenez-vous? Son foudre à la main, il fracassa tout, avec le vent, les nuages et de méchants éclairs. Merci, Borée, Sirius, Aquilon, Eurus et les autres. On savait bien que le ciel d'Aix-en-Provence est si clair que du haut de l'Olympe vous, les dieux, vous voyez tout. Vous pouvez interrompre le mauvais spectacle quand vous voulez et faire fuir le public qui, sans vous, ne l'aurait pas osé, par politesse. Merci, Jupiter : vous avez bien mérité qu'au musée d'Aix-en-Provence, justement, sous le pinceau d'Ingres, la gracieuse et néanmoins coquine Thétis vous gratte le menton d'un air mignard. J'ai rêvé qu'elle murmurait : «Pitié, mon Juju, pitié, ils ne savent pas ce qu'ils font» (elle parlait des metteurs en scène). Mais Jupiter maintenait son regard farouche et regardait au loin. J'ai rêvé qu'il grommelait dans sa barbe : «Ça va pour cette fois, mais gare au prochain, je ne le raterai pas.» Dans mon rêve, j'ai joint les mains et j'ai dit «Amen», sans me rappeler qu'en grec (vous savez que c'était la langue maternelle de Jupiter), *amênitos* signifie «sans ressentiment».

* *
*

Mais Jupiter, avec ses éclairs, a le pouvoir de manifester sa colère. Il tonne, et le mauvais spectacle s'interrompt.

Le public, lui, que peut-il faire ? Continuer à se taire ? Rigoler doucement, chacun à part soi ? Ou pleurer silencieusement sur la bêtise, la fausse bonne idée, le tout-prêt-à-l'emploi déjà vingt fois réchauffé au micro-ondes, la jobardise prétentieuse à coup de millions d'euros, le sous-dadaïsme réduit à sa plus simple réédition (elle a tout de même de la chance, la Joconde à moustaches : au moins on la reconnaît !), et l'infra-post-brechtisme destiné au prolétariat des pauvres, mais seulement d'esprit ?

Je ne rêve pas : vous les avez vécues, ces fins de spectacle où l'on applaudit les musiciens et où l'on siffle les metteurs en scène, pourtant célèbres. Elles se sont multipliées ces derniers temps. Malheureusement, le préjugé le plus tenace dans le monde de l'art est que, le Progrès étant le Progrès, l'art progresse. Comme la mise en scène, qui par nature n'est qu'une humble servante, s'est auto-consacrée art de plein exercice, des cintres aux dessous et de pied en cap, il est entendu une fois pour toutes que le public a toujours tort, sauf quand il applaudit. Il s'est d'ailleurs toujours trompé, c'est un fait notoire.

Malheureusement, c'est faux. Le public a toujours raison. Il lui manque parfois le courage de l'affirmer et de se lever pour sortir au milieu du spectacle, quand il est mauvais.

Imaginez, Ami lecteur, une salle qui se viderait peu à peu, le bruit des fauteuils qui se redressent, le grincement des portes aux loges et aux corbeilles, les murmures d'excuses en sortant des rangs, l'acoustique de la salle qui, peu à peu, se ferait plus réverbérante, et l'angoisse du *Schauspieldirektor* (comme dit Mozart)?

Une salle vide à la fin d'un mauvais spectacle... On rêve...

Il est vrai qu'il y a la musique. On ferme les yeux et on reste assis. Est-ce bien raisonnable?

* *
*

J'avais promis, aux premières pages de ce livre, de ne prononcer aucun nom : ni de metteur en scène, ni de chef d'orchestre, ni de chanteur, ni de chorégraphe : non par lâcheté, mais parce que je savais bien qu'il me faudrait alors faire un catalogue, sous peine d'injustice, et que l'ennui naîtrait, comme j'ai dit en parodiant le poète, de l'uniforme.

J'ai failli rompre mon serment et donner un nom, et même plusieurs. Je les barre, pour la raison que je viens de dire, mais avec une colère grandissante.

Des musiciens qui ont été nos maîtres à penser, nos guides, nos références; grâce à qui ma génération et les suivantes ont redécouvert des siècles de musique; qui nous ont fait comprendre l'impérieuse nécessité de la fidélité au mot à mot de la musique et, par le mot à mot, à sa vérité, comment peuvent-ils risquer leur honneur en participant à un spectacle débile, honteux de bêtise et de vulgarité, diriger avec talent cette musique, accepter même d'être filmés en train de la diriger, sans avoir honte?

Comment notre colère contre eux ne serait-elle pas proportionnelle à l'admiration que nous avons eue, que nous tentons de conserver, pour ceux qui ont été nos maîtres ?

En fermant les yeux, nous retrouvions sous leur baguette la musique que nous aimions. Fermaient-ils les yeux aussi ?

Et s'ils les fermaient sur le spectacle qui se déroulait devant eux, les fermaient-ils aussi sur leur responsabilité de musiciens vis-à-vis du public ?

Comment regardaient-ils les musiciens qui obéissaient aux mouvements de leur baguette, de leur main, de leurs yeux, de leur visage ? Comment acceptaient-ils de parler à celui qui mettait en scène en la ridiculisant, en la rabaissant, la sublime musique qu'ils nous offraient ?

Je sais. La réponse est toujours la même : écoutez-la, musiciens, chefs d'orchestre, cette phrase qu'on prononce aussitôt que vous êtes sortis du bureau du *Schauspieldirektor* : « Les musiciens sont des exécutants. Ils exécutent. Point. » On ajoute même parfois, dans votre dos : « Ce n'est pas à eux de penser. »

Et vous voilà, les musiciens, et vous, le chef,

ravalés au rang qui était le vôtre au XVIIIᵉ siècle : celui de valet. Ce n'est pas à vous de décider du spectacle. Ce n'est pas à vous de choisir ceux avec qui vous allez travailler, avec qui vous allez faire naître la musique et lui donner vie. Celui qui décide, c'est le potentat, le Colloredo du théâtre, le *Schauspieldirektor*.

Au temps de Mozart, il y en avait un à Salzbourg. Maintenant il y en a partout, tyranniques et glorieux, qui vous ravissent votre honneur.

Relisez, musiciens, relisez, chefs d'orchestre, les lettres de Mozart à son père, et faites quelque chose; sans quoi nous finirons par perdre l'estime que nous avons pour vous : «L'Archevêque ne me paiera jamais assez pour l'esclavage à Salzbourg» (12 novembre 1778). «On a si longtemps mis ma patience à l'épreuve qu'à la fin elle s'est effondrée.»

Musiciens, vous devez continuer à croire qu'à l'opéra c'est la musique qui commande, donc vous.

Musiciens, vous n'avez d'ordre à recevoir que d'elle. Personne n'a le droit de faire en sorte que soit bafouée la musique que vous faites, et de vous imposer de collaborer à la forfaiture.

Mais vous n'avez pas non plus le droit de l'accepter, et de faire le dos rond comme des valets que l'on fouette.

Mozart : «Votre Honneur n'est donc pas satisfait de moi?» L'Archevêque Colloredo : «Quoi! On me menace?» (lettre à son père, 17 mars 1781). «Je n'ai plus le malheur d'être au service de la cour de Salzbourg – ce fut pour moi un jour de bonheur» (même lettre).

Évidemment, Mozart mourut pauvre.
Mais plus valet.

Table

Cet ouvrage a été composé en Caslon par Palimpseste à Paris

Achevé d'imprimer en octobre 2005
*par **Bussière***
à Saint-Amand-Montrond (Cher)

35-56-2908-01/8

ISBN 2-213-62708-8

Dépôt légal : octobre 2005.
N° d'édition : 62410. – N° d'impression : 053923/4.

Imprimé en France